本《ほん》人《にん》からこっそり聞《き》いた

怖《こわ》すぎる怪《かい》談《だん》ゾゾゾ

永岡書店

恐怖《きょうふ》の図書室《としょしつ》へようこそ

「ふはははっ、全国《ぜんこく》の諸君《しょくん》、元気《げんき》かね。この世界《せかい》で唯一《ゆいいつ》の不思議《ふしぎ》な図《と》書室《しょしつ》にようこそ！

この図書室《としょしつ》は真夜中《まよなか》にオープンし、明《あ》け方《がた》に閉《し》まってしまうのが特《とく》ちょうで、人間以外《にんげんいがい》の妖怪《ようかい》や霊《れい》たちも利用《りよう》することで知《し》られているのだ。

おっと、ごあいさつがおくれてしまったようだ。

私《わたし》はこの怪《あや》しき図書室《としょしつ》で室長《しっちょう》を務《つと》める山口敏太郎《やまぐちびんたろう》である。

なにっ、この私《わたし》の顔《かお》が怖《こわ》いって…。なんだその言《い》い方《かた》は…。うーむ、この素敵《すてき》な顔《かお》を怖《こわ》がることはないだろう。困《こま》った子供《こども》たちだ。

まぁいいか。しかし、これぐらいで怖《こわ》がっているようでは、この図《と》書室《しょしつ》を楽《たの》しむことはできないぞ。諸君《しょくん》の常識《じょうしき》が大《おお》きく崩《くず》れてしまうのはかくごしたまえ。すべての常識《じょうしき》や科学《かがく》はこの図書室《としょしつ》では通用《つうよう》しない。

この図書室《としょしつ》は世界中《せかいじゅう》のありとあらゆる不思議情報《ふしぎじょうほう》を集《あつ》めてある。妖《よう》怪《かい》、幽霊《ゆうれい》、都市伝説《としでんせつ》、宇宙人《うちゅうじん》、UMA《ユーマ》、怪事件《かいじけん》などなど、私《わたし》が部下《ぶか》たちを使《つか》って集《あつ》めた資料《しりょう》やファイルであふれているのだ。どの資料《しりょう》やファイルをとっても、諸君《しょくん》の心《こころ》をドキドキさせる情報《じょうほう》でいっぱいなのだ。

まだまだ世界《せかい》には、とんでもない話《はなし》がゴロゴロしているのだ。

なにっ？　不思議《ふしぎ》な話《はなし》が早《はや》く聞《き》きたいだって、気《き》の早《はや》いやつだな。よし、もういいだろう。私《わたし》が選《えら》んだ怖《こわ》くて不思議《ふしぎ》な話《はなし》を披露《ひろう》しようか。

今《いま》から話《はな》すとっておきの怪談《かいだん》を秘密《ひみつ》の書棚《しょだな》から出《だ》してきてあげよう。さぁもう諸君《しょくん》はこの怪《あや》しい図書室《としょしつ》の一員《いちいん》になってしまった。いさぎよくあきらめるのだ。あの世《よ》とこの世《よ》の隙間《すきま》にあるこの空間《くうかん》で不思議《ふしぎ》なエピソードを楽《たの》しむまで、家《いえ》には帰《かえ》れないのだ。まずは、どの話《はなし》から聞《き》きたいかね？」

図書室《としょしつ》　室長《しつちょう》　山口敏太郎《やまぐちびんたろう》

怖《こわ》すぎる怪《かい》談《だん》ゾゾゾ

目《もく》次《じ》

恐《きょう》怖《ふ》の図《と》書《しょ》室《しつ》へようこそ …… 2

巻《かん》頭《とう》 呪《のろ》い!? 警《けい》告《こく》!? 怨《おん》念《ねん》!? 恐《きょう》怖《ふ》の心《しん》霊《れい》写《しゃ》真《しん》コレクション …… 8

秘蔵写真公開

第《だい》1の本《ほん》棚《だな》 霊《れい》 —— 17

手《て》首《くび》と上《じょう》半《はん》身《しん》だけのおばさん …… 18

お母《かあ》さんのお友《とも》達《だち》 …… 25

とりあえず、見《み》てないことにしよう …… 28

ご案《あん》内《ない》 …… 32

マンガ 三《さん》年《ねん》0《ぜろ》組《くみ》 …… 35

第《だい》2の本《ほん》棚《だな》 怪《かい》 —— 43

あの世《よ》から帰《かえ》ってきた女《おんな》の子《こ》 …… 44

夜《よる》歩《ある》く …… 49

ギンギンギラギラ …… 53

妖《よう》怪《かい》給《きゅう》食《しょく》婆《ばあ》 …… 56

特《とく》集《しゅう》 日《に》本《ほん》の怪《かい》談《だん》スポットめぐり 浅《あさ》草《くさ》編《へん》 …… 60

マンガ 呪《のろ》い面《めん》 …… 67

第《だい》3の本棚《ほんだな》 亡《ぼう》 —— 77
おじいさんの背負《せお》うもの …… 78
重《おも》い重《おも》い …… 84
とべないハードル …… 89
首無《くびな》し馬《うま》が走《はし》る …… 93
特集《とくしゅう》 現代妖怪大百科《げんだいようかいだいひゃっか》 …… 97

第《だい》4の本棚《ほんだな》 呪《じゅ》 —— 113
落《お》ち武者《むしゃ》がやってくる …… 114
特集《とくしゅう》 おまじない事典《じてん》 …… 121
マンガ やっと逢《あ》えたね …… 131

第《だい》5の本棚《ほんだな》 異《い》 —— 141
ちがう世界《せかい》への扉《とびら》 …… 142
お岩《いわ》さんが笑《わら》った …… 148
妖怪《ようかい》・四《よ》つ目入道《めにゅうどう》と緑色《みどりいろ》の人間《にんげん》 …… 151
さようならこんにちは …… 155

軍人幽霊《ぐんじんゆうれい》……159
昔《むかし》の怪談《かいだん》を読《よ》んでみよう！　四谷怪談《よつやかいだん》……161
特集　日本《にほん》の怪談《かいだん》スポットめぐり　四谷怪談編《よつやかいだんへん》……167
特集　妖怪《ようかい》のミイラたち……171

第《だい》6の本棚《ほんだな》　妖《よう》――177
ねずみ妖怪《ようかい》ちゅーそん……178
大《おお》みそかの烏天狗《からすてんぐ》……183
銀色《ぎんいろ》の巨人《きょじん》……186
ピピピ、ピピピ……190
マンガ　クロンベル旅館《りょかん》……193

第《だい》7の本棚《ほんだな》　奇《き》――203
オッパショ石《いし》……204
フロッグマン……207
妖怪《ようかい》・スキップちゃん……209
特集　未確認生物《みかくにんせいぶつ》　UMA《ユーマ》極《ごく》秘《ひ》ファイル……211

恐怖《きょうふ》の心霊写真《しんれいしゃしん》コレクション

秘蔵写真公開

呪《のろ》い？ 警告《けいこく》？ 怨念《おんねん》？

生霊《いきりょう》か？あやかしか？写《うつ》りこむ謎《なぞ》の影《かげ》……。

最初《さいしょ》に、秘蔵《ひぞう》の恐怖写真《きょうふしゃしん》ファイルをご覧《らん》にいれよう。
謎《なぞ》めく何《なに》かが写《うつ》しだされているぞ・・・。

『お前《まえ》、誰《だれ》だ？』

仲《なか》の良《よ》い高校生《こうこうせい》の肩《かた》に謎《なぞ》の顔《かお》が!?

こちらは高校生《こうこうせい》の合宿《がっしゅく》での写真《しゃしん》。よく見《み》ると2人《ふたり》の間《あいだ》に、もう一人《ひとり》の人物《じんぶつ》が…。実《じつ》はこの宿泊施設《しゅくはくしせつ》は、旧日本軍《きゅうにほんぐん》の弾薬庫《だんやくこ》があった場所《ばしょ》で、誤爆《ごばく》で死傷者《ししょうしゃ》を出《だ》す事故《じこ》も起《お》きています。楽《たの》しそうな雰囲気《ふんいき》にさそわれ霊《れい》がやってきたのかもしれません。

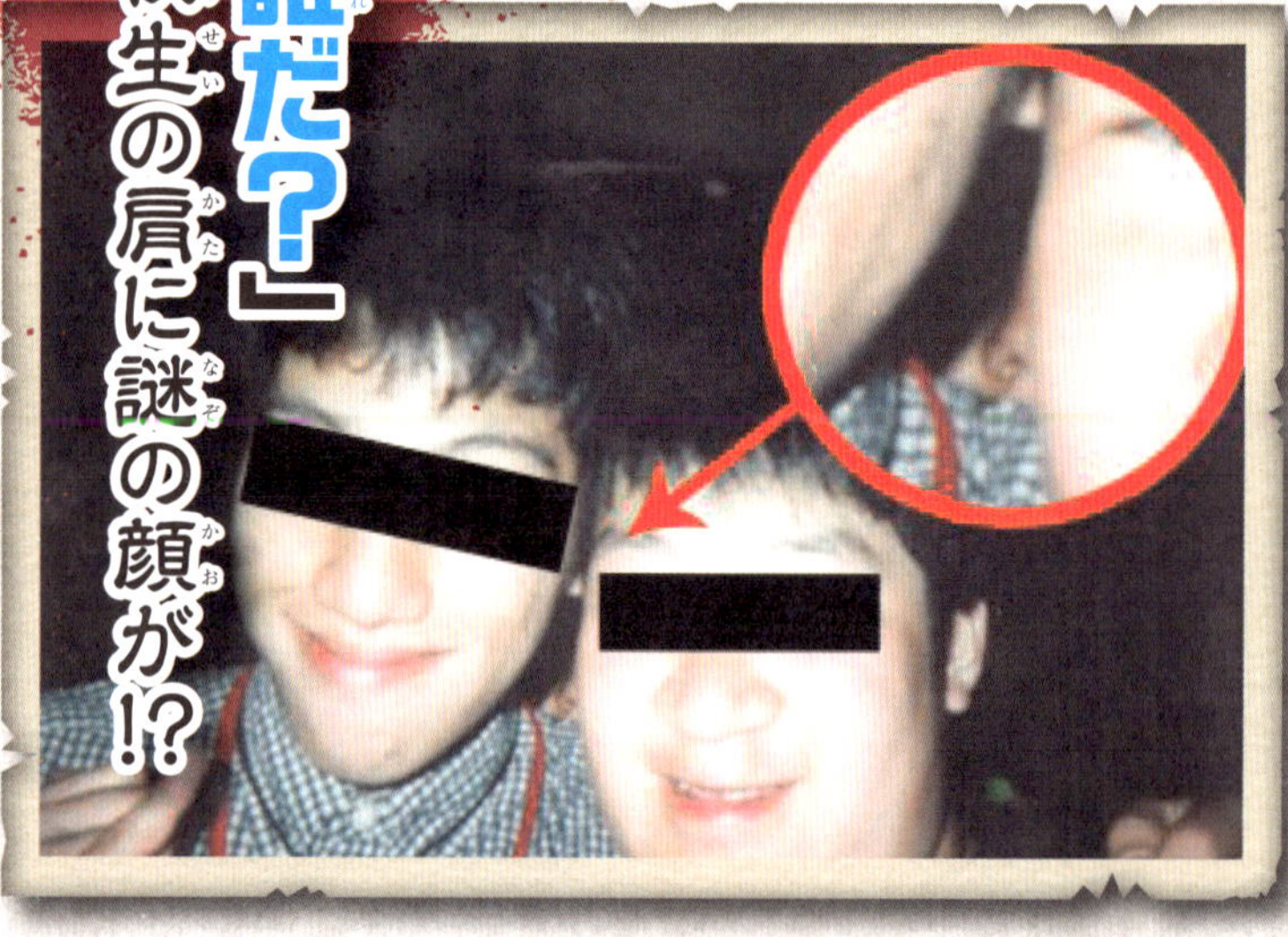

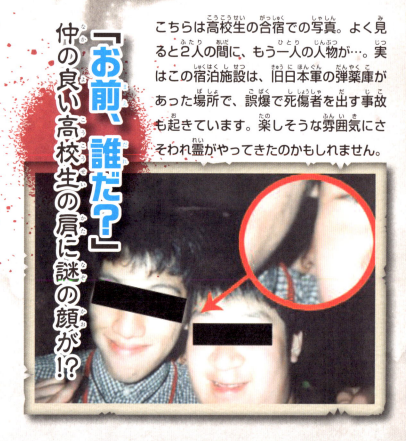

不思議写真《ふしぎしゃしん》 首《くび》がスパッと切《き》れた？

テレビの収録中《しゅうろくちゅう》、にぎやかな現場《げんば》の映像《えいぞう》のひとコマです。中央《ちゅうおう》の人物《じんぶつ》の首《くび》がすっぱりと切《き》れています。映像《えいぞう》テープの乱《みだ》れなら、右下《みぎした》の彼女《かのじょ》だけに異変《いへん》があるのは考《かんが》えにくいことです。写《うつ》す人《ひと》、写《うつ》される人《ひと》が、霊《れい》に好《す》かれた人物《じんぶつ》の場合《ばあい》、不思議《ふしぎ》な現象《げんしょう》が起《お》こりやすいといいます。

「いないはず」の女性《じょせい》…。 正体《しょうたい》は『生霊《いきりょう》』か？

こちらは夜《よる》の電車内《でんしゃない》を写《うつ》した一《いち》枚《まい》。写真《しゃしん》の右下《みぎした》、窓《まど》の部分《ぶぶん》に、一人《ひとり》の女性《じょせい》らしき顔《かお》がぼんやり写《うつ》っています。電車《でんしゃ》のガラスに写《うつ》る心霊写真《しんれいしゃしん》には、自殺《じさつ》をしたが死《し》にきれない浮遊霊《ふゆうれい》や、先祖《せんぞ》の背後霊《はいごれい》が写《うつ》りこむケースなどが多《おお》いといいます。

少年少女《しょうねんしょうじょ》の後《うし》ろに浮遊霊《ふゆうれい》!?

この写真《しゃしん》は、山梨県《やまなしけん》の富士五湖《ふじごこ》のひとつ西湖《さいこ》に、ツーリングで訪《おとず》れた若者《わかもの》たちの記念写真《きねんしゃしん》です。白《しろ》い物体《ぶったい》が、黒《くろ》いジャージの男性《だんせい》の顔《かお》を完全《かんぜん》におおっています。さらに左下《ひだりした》の女性《じょせい》は、白《しろ》い物体《ぶったい》の存在《そんざい》に気《き》づいていたのか、さけるように首《くび》を下《さ》げているようにも見《み》えるのも興味深《きょうみぶか》い点《てん》です。西湖《さいこ》はマニアの間《あいだ》では心霊《しんれい》スポットとしても知《し》られ、きもだめしに訪《おとず》れる若者《わかもの》が非常《ひじょう》に多《おお》い場所《ばしょ》です。この近《ちか》くには自殺《じさつ》の名所《めいしょ》とされる富士《ふじ》の樹海《じゅかい》や、「こうもり穴《あな》」という巨大洞窟《きょだいどうくつ》があります。この白《しろ》い物体《ぶったい》の正体《しょうたい》が何《なん》だったのか、いまだ謎《なぞ》につつまれています。

人間《にんげん》が幽霊《ゆうれい》か？ "シャドーマン" 現《あらわ》る

写真《しゃしん》の手前《てまえ》の老人《ろうじん》の体《からだ》が透《す》け、後《うし》ろにある道路《どうろ》の白線《はくせん》が、彼《かれ》の体《からだ》を通《とお》してはっきりと確認《かくにん》できます。心霊写真《しんれいしゃしん》ではたまに、腕《うで》や足《あし》がかけているものが見《み》られ、その後《ご》、その部位《ぶい》を怪我《けが》してしまうことがあるといいます。肉眼《にくがん》で見《み》えない素早《すばや》さで動《うご》くUMA《ユーマ》「シャドーマン」という説《せつ》も考《かんが》えられます。

謎《なぞ》めきコラム

写真左上《しゃしんひだりうえ》、夜空《よぞら》にモヤモヤした物体《ぶったい》が見《み》えます。専門家《せんもんか》によると、UFOとも、オーブ(P13参照《さんしょう》)のような霊《れい》とも言《い》い切《き》れず、その形状《けいじょう》から台風《たいふう》を引《ひ》き起《お》こすUMA《ユーマ》「台風人間《たいふうにんげん》」説《せつ》が浮上《ふじょう》。台風生物説《たいふうせいぶつせつ》は気象庁《きしょうちょう》の元《もと》長官《ちょうかん》も提唱《ていしょう》する、冗談《じょうだん》とも言《い》えない説《せつ》で、研究《けんきゅう》が進《すす》められています。

生物《せいぶつ》と化《か》した「台風人間《たいふうにんげん》」現《あらわ》る!?

都内《とない》のあるテーマパークに展示《てんじ》されている、天台宗《てんだいしゅう》を日本《にほん》にもたらした僧《そう》・最澄《さいちょう》の像《ぞう》の写真《しゃしん》。もやもやと、中央《ちゅうおう》に青《あお》いオーブとよばれる光《ひかり》があります。オーブの多《おお》くは、神社《じんじゃ》や仏閣《ぶっかく》などパワースポットで撮《と》られることから、霊的《れいてき》なものである可能性《かのうせい》は高《たか》いといえます。

写真《しゃしん》にうつる「青《あお》い球体《きゅうたい》」の正体《しょうたい》とは？

船上《せんじょう》の謎《なぞ》の人物《じんぶつ》。「幽霊《ゆうれい》」か？「シャドーマン」か？

東京湾《とうきょうわん》でのクルージングの写真《しゃしん》。真《ま》ん中《なか》の人物《じんぶつ》の後《うし》ろには、うすくすけた怪《あや》しい人《ひと》の影《かげ》……。後《うし》ろに見《み》えるレインボーブリッジは、自殺者《じさつしゃ》が絶《た》えず、幽霊《ゆうれい》も多《おお》く目撃《もくげき》されるスポット。影《かげ》の正体《しょうたい》は幽霊《ゆうれい》なのか？　素早《すばや》く動《うご》くUMA《ユーマ》「シャドーマン」説《せつ》も考《かんが》えられます。

船橋《ふなばし》の神社《じんじゃ》で、狐《きつね》の生首《なまくび》が出現《しゅつげん》！

ここは千葉県《ちばけん》の船橋市《ふなばしし》にある小《ちい》さな神社《じんじゃ》です。社《やしろ》の後《うし》ろには、なんと狐《きつね》の頭部《とうぶ》が浮《う》かびあがっています。実《じつ》はここ、怨霊《おんりょう》として名高《なだか》い平将門《たいらのまさかど》の妻《つま》の家《いえ》だったという伝説《でんせつ》があります。彼女《かのじょ》は、将門《まさかど》を愛《あい》しながらも裏切《うらぎ》り、苦《くる》しみぬいたすえに身投《みな》げしています。霊的《れいてき》にただならぬ場所《ばしょ》であるのはまちがいないようです。

謎《なぞ》めきコラム

五重塔《ごじゅうのとう》の左側《ひだりがわ》に、緑色《みどりいろ》の丸《まる》い球体《きゅうたい》が浮《う》かんでいます。撮影者《さつえいしゃ》は、この光《ひかり》は建物《たてもの》の屋根《やね》の下《した》から出《で》ていたようなので、心霊的《しんれいてき》な『オーブ』ではと話《はな》します。オーブとは、一般的《いっぱんてき》に霊魂《れいこん》が写《うつ》りこんだもので、水色《みずいろ》や透明《とうめい》なものをはじめとして、多様《たよう》なものがあります。京都《きょうと》では、多数《たすう》のUFOの目撃報告《もくげきほうこく》があるため、UFO説《せつ》も捨《す》てきれません。

「京都《きょうと》の世界遺産《せかいいさん》」に小型《こがた》UFO襲来《しゅうらい》？オーブ現《あら》る!?

心霊《しんれい》スポット『道了堂跡《どうりょうどうあと》』に謎《なぞ》の2つの顔《かお》を見《み》た！

東京都八王子市《とうきょうとはちおうじし》の大塚山公園《おおつかやまこうえん》にある道了堂跡《どうりょうどうあと》という心霊《しんれい》スポット。石碑《せきひ》の奥《おく》に、謎《なぞ》の白《しろ》いモヤモヤ。よく見《み》ると人間《にんげん》の顔《かお》、さらに右上《みぎうえ》には、もうひとつ顔《かお》があります。この地《ち》では２つのいたましい殺人事件《さつじんじけん》が起《お》きており、その被害者《ひがいしゃ》かもしれません。

「最凶《さいきょう》」スポット『花魁淵《おいらんぶち》』に奇妙《きみょう》な写真《しゃしん》が！

ここは山梨県甲州市《やまなしけんこうしゅうし》にある花魁《おいらん》淵《ぶち》。戦国時代《せんごくじだい》、武田氏《たけだし》の隠《かく》し金《きん》山《ざん》の秘密《ひみつ》を守《まも》るため、55人《にん》の女性《じょせい》を皆殺《みなごろ》しにした場所《ばしょ》です。卒塔婆《そとうば》の隣《となり》に謎《なぞ》の白《しろ》い物体《ぶったい》とオレンジの球体《きゅうたい》があります。これを見《み》た霊能者《れいのうしゃ》によると、複数《ふくすう》の霊《れい》によるお供《そな》え物《もの》（ろうそく）のリクエストの合図《あいず》だといいます。

心霊《しんれい》スポット『達磨神社《だるまじんじゃ》』で達磨大師《だるまたいし》の顔《かお》!?

俗称《ぞくしょう》・達磨神社《だるまじんじゃ》は、千葉県船橋市《ちばけんふなばしし》にある心霊《しんれい》スポットです。上《うえ》の写真《しゃしん》は右側《みぎがわ》の木《き》に、顔《かお》が写《うつ》しだされますが、その形《かたち》はダルマさんで知《し》られる達磨大師《だるまだいし》のようです。もう一枚《いちまい》は、写真全体《しゃしんぜんたい》にモヤがかかったもの。逆《さか》さに見《み》ると顔《かお》の形《かたち》が浮《う》かび上《あ》がります。ここ達磨神社《だるまじんじゃ》は、他《ほか》にも幽霊《ゆうれい》の目撃証言《もくげきしょうげん》や、奇怪《きかい》な心霊写真《しんれいしゃしん》が後《あと》をたたない場所《ばしょ》です。今後《こんご》も引《ひ》き続《つづ》き調査《ちょうさ》を進《すす》めていきます。

芸人《げいにん》の霊《れい》か？ 鏡《かがみ》に写《うつ》りこむ 謎《なぞ》の顔《かお》！

都内《とない》のイベント会場《かいじょう》の楽屋《がくや》で、ブログ用《よう》に鏡《かがみ》に写《うつ》った自分《じぶん》を撮影《さつえい》した写真《しゃしん》です。左肩《ひだりかた》あたりに、男性《だんせい》らしき人物《じんぶつ》の姿《すがた》。部屋《へや》には一人《ひとり》だけだったといいます。ここまではっきり写《うつ》る心霊写真《しんれいしゃしん》は貴重《きちょう》。芸人《げいにん》や俳優《はいゆう》の霊《れい》なのでしょうか？

窓《まど》に写《うつ》りこんだ「美人《びじん》」の顔《かお》は「妖怪《ようかい》・ぬっぺっぽう」か？

長野県《ながのけん》の某所《ぼうしょ》で撮《と》られた写真《しゃしん》です。民家《みんか》のガラス窓《まど》にご注目《ちゅうもく》。上《うえ》には、頭《あたま》に角《つの》のある鬼《おに》のような顔《かお》。下《した》は、高《たか》い鼻《はな》の美《うつく》しい女性《じょせい》、あるいは、巨大《きょだい》な肉《にく》の塊《かたまり》のような妖怪《ようかい》『ぬっぺっぽう』の可能性《かのうせい》もあります。

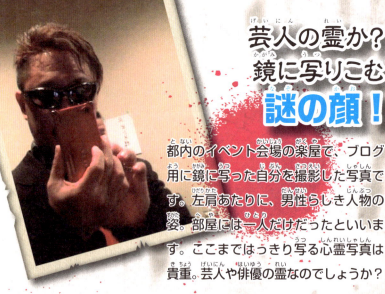

第《だい》1の本棚《ほんだな》
霊《れい》

手首《てくび》と上半身《じょうはんしん》だけのおばさん

徳島県《とくしまけん》　山口敏太郎《やまぐちびんたろう》の体験《たいけん》

これは僕《ぼく》の体験《たいけん》です。

（あれはいったいなんであったのか…？）

時《とき》おりそう思《おも》うことがあります。

僕《ぼく》が小学校低学年《しょうがっこうていがくねん》だったころ、生徒《せいと》が使《つか》っていた校舎《こうしゃ》の2階《かい》にあるトイレの奥《おく》で不《ふ》思議《しぎ》な現象《げんしょう》が起《お》こったのです。

――手首《てくび》の幽霊《ゆうれい》と上半身《じょうはんしん》だけの幽霊《ゆうれい》が出《で》てきたのです。

夕方《ゆうがた》のそうじの時間《じかん》、僕《ぼく》はトイレの前《まえ》をそうじしていました。その時《とき》です。

ひゃあああああー

うわああああああ

トイレの奥《おく》をそうじしていた同級生《どうきゅうせい》たちから悲鳴《ひめい》が上《あ》がりました。

「うわー、変《へん》なものが浮《う》いてる…。」「なんだろうこれ？」「どう見《み》ても人間《にんげん》の手首《てくび》だ！」「本当《ほんとう》だ、手首《てくび》が浮《う》いてる！」「手首《てくび》だ、手首《てくび》だ！」

その騒《さわ》ぎはどんどん大《おお》きくなり、僕《ぼく》たちのクラスだけではなくとなりのクラス、そのまたとなりのクラスの人《ひと》たちも集《あつ》まってきました。

「ちょっと、どいて」

大《おお》ぜいの人《ひと》の山《やま》をかき分《わ》けて、僕《ぼく》は同級生《どうきゅうせい》たちが騒《さわ》いでいるトイレの前《まえ》に行《い》きました。

すると、トイレの中《なか》に明《あき》らかに人間《にんげん》の手首《てくび》が浮《う》かんでいるのです。

（なんだこれは!?　たしかに人間《にんげん》の手《て》首《くび》だ！）

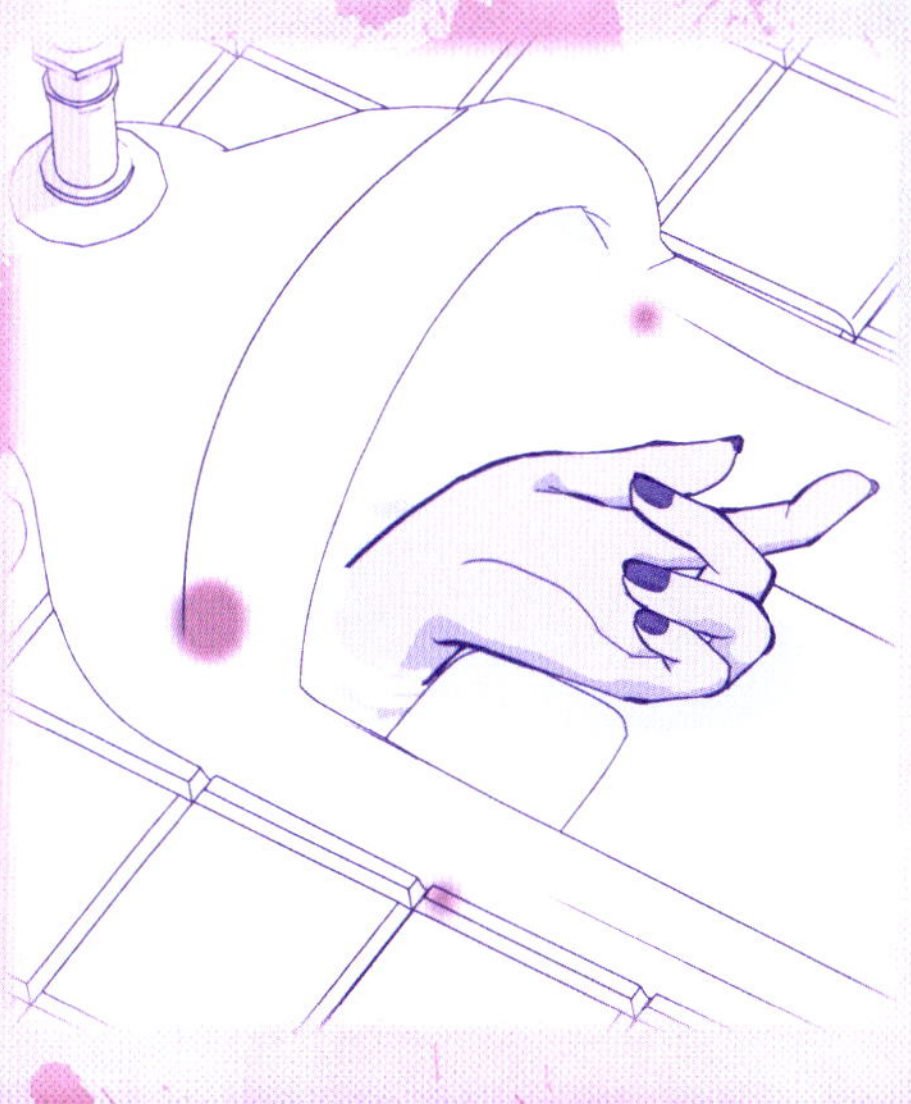

僕《ぼく》は背中《せなか》に冷《つめ》たい汗《あせ》が流《なが》れるのを感《かん》じました。

その当時《とうじ》、小学校《しょうがっこう》のトイレは洋式《ようしき》ではなく和式《わしき》でしたが、すでに水洗《すいせん》になっており、そのようなものが本来浮《ほんらいう》かび上《あ》がるはずはありません。でもたしかに、人間《にんげん》の手首《てくび》そっくりのものが浮《う》いているのです。


(なんで人間《にんげん》の手首《てくび》が浮《う》いているんだ?)


僕《ぼく》はそう思《おも》いました。

「これどうする?」「先生呼《せんせいよ》んでくる?」「そうだな、早《はや》く呼《よ》んだほうがいいよね」

同級生《どうきゅうせい》は口《くち》ぐちにさわぎ立《た》てています。

その次《つぎ》の瞬間《しゅんかん》、僕《ぼく》たちの後《うし》ろの方《ほう》、男子《だんし》トイレに入《はい》ってきていた女子《じょし》たちの間《あいだ》から悲鳴《ひめい》が上《あ》がったのです。


きゃー! そこに人《ひと》がいる!


「本当《ほんとう》だ人《ひと》がいる!」

その声《こえ》に僕《ぼく》たちは気《き》づきました。

なんと、男子《だんし》トイレの奥《おく》に、髪《かみ》をざんばらにした中年《ちゅうねん》のおばさんが立《た》っているのです。

目《め》を大《おお》きく見開《みひら》き、白目《しろめ》の部分《ぶぶん》が赤《あか》く充《じゅう》血《けつ》、爪《つめ》は長《なが》く伸《の》び、髪《かみ》の毛《け》はまるでクモの巣《す》のようにばさばさの状態《じょうたい》のおばさんが立《た》っているのです。

「このおばさん、なんだ？　幽霊《ゆうれい》か？」

「このおばさん、勝手《かって》に学校《がっこう》に入《はい》ってきちゃった」

男子《だんし》たちもそう叫《さけ》びました。

でも一番怖《いちばんこわ》かったのは、そのおばさんの体《からだ》が、上半身《じょうはんしん》しかなかったのです。何度目《なんどめ》をこらしてみても、上半身《じょうはんしん》しか見《み》えないのです。

「おい、なんだこのおばさん、空中《くうちゅう》に浮《う》いているよ！」「なんだこのおばさん、やばいよ！」

「体《からだ》が半分《はんぶん》しかない！」

僕《ぼく》と同級生《どうきゅうせい》たちは、恐怖《きょうふ》にふるえながらトイレの入《い》り口《ぐち》の方《ほう》に下《さ》がっていきました。

そのおばさんは感情《かんじょう》がないような瞳《ひとみ》で僕《ぼく》らの方《ほう》を見《み》つめ続《つづ》けています。

「やばいね、警察《けいさつ》呼《よ》んだほうがいいんじゃない？」

「本当《ほんとう》におかしいよ、あのおばさん、妖怪《ようかい》じゃないか？

上半身《じょうはんしん》しかなくて空中《くうちゅう》に浮《う》いているよ」

同級生《どうきゅうせい》たちがトイレの出口《でぐち》付近《ふきん》まで下《さ》がった瞬間《しゅんかん》、そのおばさんはすうーっと消《き》えていきました。

「え？、消《き》えちゃったよ」「いない、いなくなっちゃった！」

「かべに飛《と》び込《こ》んだのかな？」「そんなばかな、窓《まど》からとびおりたんじゃない？」

僕《ぼく》たちはふたたびおばさんのいたところに近寄《ちかよ》りました。もうおばさんの姿《すがた》はなく、さらに窓《まど》を開《あ》けて下《した》を確認《かくにん》しましたが、当然《とうぜん》、あのおばさんがいる様子《ようす》はありません。

「一体《いったい》どこに行《い》っちゃったんだろう、あのおばさん？」「ほんとだよな」

友人《ゆうじん》たちは口《くち》ぐちに叫《さけ》んでいます。すると、次《つぎ》はトイレの中《なか》から悲鳴《ひめい》が上《あ》がりました。

「おい、おばさんに気《き》を取《と》られているうちに、手首《てくび》が沈《しず》んでいくぞ！」

ふたたび僕《ぼく》たちは和式《わしき》トイレの方《ほう》に向《む》き直《なお》りました。すると、さっきまで浮《う》き上《あ》がっていた手首《てくび》が水底《みなぞこ》にズブズブと沈《しず》んでいくんです。

「何《なん》だ何《なん》だ、どこに行《い》くんだ？」

「どこに沈《しず》むんだ？」

「あのおばさんとこの手首《てくび》の関係《かんけい》は？」

「どういうこと？」

もう、僕《ぼく》と同級生《どうきゅうせい》たちは大混乱《だいこんらん》でした。

ぶくぶくと白《しろ》いあわを上《あ》げると、その手首《てくび》は僕《ぼく》たちの前《まえ》で、水《みず》も流《なが》していないのに、

水洗《すいせん》トイレの水底《みなぞこ》にしずんでいったのです。

アレは一体何《いったいなん》だったのでしょう。あれから40年以上《ねんいじょう》たった今《いま》でも、僕《ぼく》はあの日《ひ》のことを忘《わす》れません。また、そのおばさんと手首《てくび》がどういう関係《かんけい》で、上半身《じょうはんしん》しかないおばさんがどこへ消《き》えたのか？　それも謎《なぞ》のままです。

本当《ほんとう》にあった怪談《かいだん》というのは、何《なん》の説明《せつめい》もなく始《はじ》まり、何《なん》の説明《せつめい》もなく終《お》わるものなのです。

お母《かあ》さんのお友達《ともだち》

埼玉県《さいたまけん》　Dさんの体験《たいけん》

Dさんは埼玉《さいたま》のある企業《きぎょう》に勤《つと》めている女性《じょせい》です。

子《こ》どものころから霊感《れいかん》が強《つよ》く、ときどき奇妙《きみょう》な体験《たいけん》をくり返《かえ》しています。

彼女《かのじょ》には男《おとこ》の子《こ》と女《おんな》の子《こ》、二人《ふたり》の子《こ》どもがいますが、娘《むすめ》さんは彼女《かのじょ》の体質《たいしつ》を受《う》けついでおり、霊《れい》を視《み》ることができるそうです。


「あの子《こ》のまわりでは不思議《ふしぎ》なことばかりあるのよ」


Dさんはそう言《い》って、僕《ぼく》に娘《むすめ》さんのまわりで起《お》こった奇怪《きかい》な話《はなし》をしてくれました。

娘《むすめ》さんは憑依体質《ひょういたいしつ》であるようで、子《こ》どものころにときどき、霊《れい》にとりつかれてしまったことがあったようです。

起《お》きているときもそうでしたが、不思議《ふしぎ》なことに睡眠中《すいみんちゅう》にも何者《なにもの》かに憑依《ひょうい》されてしまうことが何度《なんど》もあったそうなのです。


「おい、便所《べんじょ》はどこだよ！」

ある夜《よる》突然《とつぜん》、寝《ね》ているはずの娘《むすめ》が怒鳴《どな》りました。

その男《おとこ》のような声《こえ》にDさんはおどろきました。

「どうしたの？　こんな夜中《よなか》に」

娘《むすめ》のベッドに行《い》くと、物《もの》すごい怖《こわ》い表情《ひょうじょう》を浮《う》かべて娘《むすめ》が起《お》き上《あ》がっています。


（おかしい。さっきまで熟睡《じゅくすい》していたはずなのに…）

困《こま》った顔《かお》で立《た》ちつくすDさんに向《む》かって娘《むすめ》がふたたび叫《さけ》びました。

『便所《べんじょ》いきてえんだよ!!』


荒《あら》あらしい言葉《ことば》を使《つか》いながら、娘《むすめ》は部屋《へや》の窓《まど》から飛《と》び出《で》ようとしました。

「そこは便所《べんじょ》じゃありません！」

と言《い》いながらDさんは必死《ひっし》に止《と》めました。

「待《ま》ってください。便所《べんじょ》なら案内《あんない》します」

その後《ご》、ちゃんと便所《べんじょ》に行《い》かせたところ、

——娘《むすめ》はふたたび寝《ね》てしまったそうです。

ある夜《よる》などは、突然《とつぜん》、

「般若心経《はんにゃしんぎょう》…」とお経《きょう》をとなえ始《はじ》めたことがありました。

不気味《ぶきみ》なことに、娘《むすめ》は寝《ね》ながらお経《きょう》をとなえているのです。

覚醒時《かくせいじ》にはおぼえていないはずの般若心経《はんにゃしんぎょう》を、最初《さいしょ》から最後《さいご》まで正確《せいかく》にとなえると――娘《むすめ》はふたたび寝《ね》てしまいました。


「お坊《ぼう》さんの霊《れい》でもとりついていたのかしら？」


Dさんは不思議《ふしぎ》そうに語《かた》ってくれました。

ある日《ひ》、Dさんは娘《むすめ》と道《みち》を歩《ある》いていました。すると娘《むすめ》が奇妙《きみょう》な事《こと》を聞《き》いてきたのです。

「お母《かあ》さん、今《いま》の女《おんな》の人《ひと》って友《とも》だち？」

「えっ!?」

彼女《かのじょ》は困惑《こんわく》しました。（誰《だれ》とも会《あ》っていないのに…）

「へっ、変《へん》なこと言《い》わないで。誰《だれ》とも会《あ》ってないし、すれちがってもないでしょ」

その言葉《ことば》を聞《き》き、娘《むすめ》は不思議《ふしぎ》そうな表情《ひょうじょう》でこう言《い》いました。

「だって、さっきすれちがった女《おんな》の人《ひと》、すれちがいざまにお母《かあ》さんの肩《かた》に首《くび》をのせたよ」

とりあえず、見《み》てないことにしよう

福岡県《ふくおかけん》
Aさんの体験《たいけん》

福岡県《ふくおかけん》に住《す》むAさんは、霊感《れいかん》が強《つよ》く学生時代《がくせいじだい》からたびたび霊《れい》を見《み》るそうです。高校《こうこう》時代《じだい》のある日《ひ》のこと、彼氏《かれし》の車《くるま》に乗《の》っていると奇妙《きみょう》なものを目撃《もくげき》しました。

場所《ばしょ》は福津市見坂峠《ふくつしみさかとうげ》。ちょうど峠《とうげ》を越《こ》えて市街地《しがいち》のほうに下《お》りたところでした。

コンビニの灯《あか》りがこうこうと光《ひか》る信号《しんごう》で車《くるま》は止《と》まりました。

「ええっ、あれは…!?」

ふと、道路脇《どうろわき》にある電信柱《でんしんばしら》を見《み》ると

——男《おとこ》の子《こ》が立《た》っていました。

異様《いよう》なムードに危険《きけん》な気配《けはい》を感《かん》じました。

(これはやばい。人《ひと》なのか霊《れい》なのか、どっちだろう?)

男《おとこ》の子《こ》は帽子《ぼうし》をかぶり白《しろ》い長袖《ながそで》シャツに、紺色《こんいろ》の短《たん》パンでランドセルを背負《せお》っています。下《した》を向《む》いたまま、暗《くら》い顔《かお》で立《た》っているのです。

(多分《たぶん》、生《い》きている子《こ》ね。道《みち》に迷《まよ》ってこの子《こ》は家《いえ》に帰《かえ》れないんだわ)

本能的《ほんのうてき》にそう思《おも》いました。だが、次《つぎ》の瞬間《しゅんかん》、男《おとこ》の子《こ》の背後《はいご》の風景《ふうけい》がすけてみえました。

(あっ! こんな時間《じかん》に小学生《しょうがくせい》がいるはずはない。やっぱり霊《れい》だ。これは見《み》てはいけない!)

ですが、すでにおそく、男《おとこ》の子《こ》はAさんの方《ほう》にゆっくりと顔《かお》を向《む》けてきました。

やばい、やばい、こっち見《み》ないで!

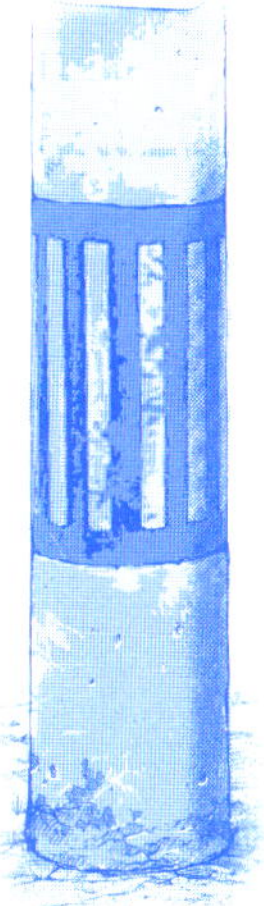

　自分《じぶん》の姿《すがた》が見《み》えているＡさんに、すがるような目《め》でうったえかけてくる男《おとこ》の子《こ》の霊《れい》。Ａさんは必死《ひっし》に視線《しせん》をそらしました。

（ごめん、私《わたし》なんにも出来《でき》ないし…、
こっち見《み》ないで…）

（じーっ）と見《み》つめる男《おとこ》の子《こ》の視線《しせん》。

（怖《こわ》い、怖《こわ》い、男《おとこ》の子《こ》の方《ほう》を見《み》ちゃう）

ほんの数十秒《すうじゅうびょう》の出来事《できごと》でしたが、Ａさんにとっては何分《なんぷん》にも思《おも》えました。

（早《はや》く、早《はや》く、早《はや》く信号《しんごう》が変《か》わってほしい）

　Ａさんはひたすら見《み》えないふりをしたのです。

「やっと、青《あお》に変《か》わった」

赤信号《あかしんごう》でいらいらしていた彼《かれ》は青信号《あおしんごう》になり、ようやく車《くるま》を発進《はっしん》させました。

「しかし、長《なが》い信号《しんごう》だったな」

彼氏《かれし》はＡさんに起《お》こっていた事件《じけん》など気《き》にもせず順調《じゅんちょう》に車《くるま》を走《はし》らせました。

（本当《ほんとう》によかった。あれ以上《いじょう》、あの強《つよ》い視線《しせん》で見《み》つめられていたら男《おとこ》の子《こ》の方《ほう》を見《み》てしまったかもしれない）

横《よこ》でハンドルをにぎっている彼氏《かれし》には見《み》えていないようでした。その日《ひ》はそのまま帰宅《きたく》しましたが、彼氏《かれし》とはその後《あと》、二《に》、三日《さんにち》連絡《れんらく》がとれなくなってしまいました。

（どうしたんだろう？）

Aさんは心配《しんぱい》しましたが、数日後《すうじつご》、彼氏《かれし》から電話《でんわ》がありました。

「どうしたの？、最近《さいきん》連絡《れんらく》がとれなかったけど」

彼氏《かれし》は申《もう》しわけなさそうな声《こえ》で言《い》いました。

「ごめんね。Aちゃん、オレさぁ、原因《げんいん》不明《ふめい》の高熱《こうねつ》で数日《すうじつ》うなされてたんだよ」

医者《いしゃ》の出《だ》す薬《くすり》がきかず、あまりにも不自然《ふしぜん》な高熱《こうねつ》なので、ある霊能者《れいのうしゃ》のところに行《い》くとこう言《い》われたそうです。

「あんたに、子供《こども》の霊《れい》がついておる」

男《おとこ》の子《こ》の霊《れい》は彼氏《かれし》の方《ほう》を見《み》ていたのです。

ご案内《あんない》

岐阜県《ぎふけん》　Sさんの体験《たいけん》

Sさんは岐阜県《ぎふけん》でイベント関連《かんれん》の会社《かいしゃ》を経営《けいえい》する僕《ぼく》の友人《ゆうじん》です。

彼《かれ》は学生時代《がくせいじだい》、友人《ゆうじん》たちと不可解《ふかかい》な体験《たいけん》をしました。

「あれは思《おも》い出《だ》したくないですね」と不思議《ふしぎ》な体験《たいけん》を話《はな》してくれました。

岐阜市《ぎふし》の某高校《ぼうこうこう》の近《ちか》くに、とある公園《こうえん》があるのですが、かってその一角《いっかく》に古《ふる》びた小屋《こや》がありました。うわさによると、戦争中《せんそうちゅう》に軍《ぐん》が捕虜《ほりょ》を処刑《しょけい》していた場所《ばしょ》であり、行《い》くと呪《のろ》われると言《い》われていました。

ある夜《よる》、仲間数人《なかますうにん》とその小屋《こや》に探検《たんけん》に行《い》きました。ですが、いざ現地《げんち》に着《つ》いてみると、異様《いよう》な空気《くうき》がただよっており、Sさんは警戒《けいかい》して小屋《こや》には入《はい》らなかったのです。

不良《ふりょう》っぽい友人《ゆうじん》は強《つよ》がって、「みんな怖《こわ》がりだな。俺《おれ》は怖《こわ》くねえよ」と入《はい》っていきました。最初《さいしょ》は、「おおっ、トイレがあるぞ」「落書《らくが》きもあるぜ」

など声《こえ》が聞《き》こえていましたが、しだいに声《こえ》が聞《き》こえなくなりました。

(何《なに》かあったのか？　あいつ、やばいのか？　助《たす》けないといけないかな…)

そんな風《ふう》にSさんが思《おも》い始《はじ》めたころ、異常《いじょう》に低《ひく》いテンションで友人《ゆうじん》が出《で》てきました。

よく見《み》ると左右《さゆう》の目玉《めだま》が白目《しろめ》を向《む》いています。

「おい、いったい、何《なに》を見《み》たんだ」

Sさんの呼《よ》びかけに答《こた》えようとせず、不良《ふりょう》っぽい友人《ゆうじん》は、

「あの小屋《こや》には入《はい》らないほうがいいぞ、あの小屋《こや》には入《はい》らないほうがいいぞ……」

と、くりかえすばかりだったといいます。

その後《ご》、社会人《しゃかいじん》になったばかりのころ、またしてもこの小屋《こや》の話《はなし》になりました。

「今《いま》から行《い》こう」と、友人《ゆうじん》3名《めい》を連《つ》れて小屋《こや》のある公園《こうえん》へ。

車《くるま》が着《つ》くと一人《ひとり》が急《きゅう》に怖《こわ》がって、

「俺《おれ》は行《い》かないぞ、俺《おれ》は行《い》かないぞ……」

と言《い》いだしたので、車《くるま》に残《のこ》し3名《めい》で小屋《こや》に向《む》かうことになりました。

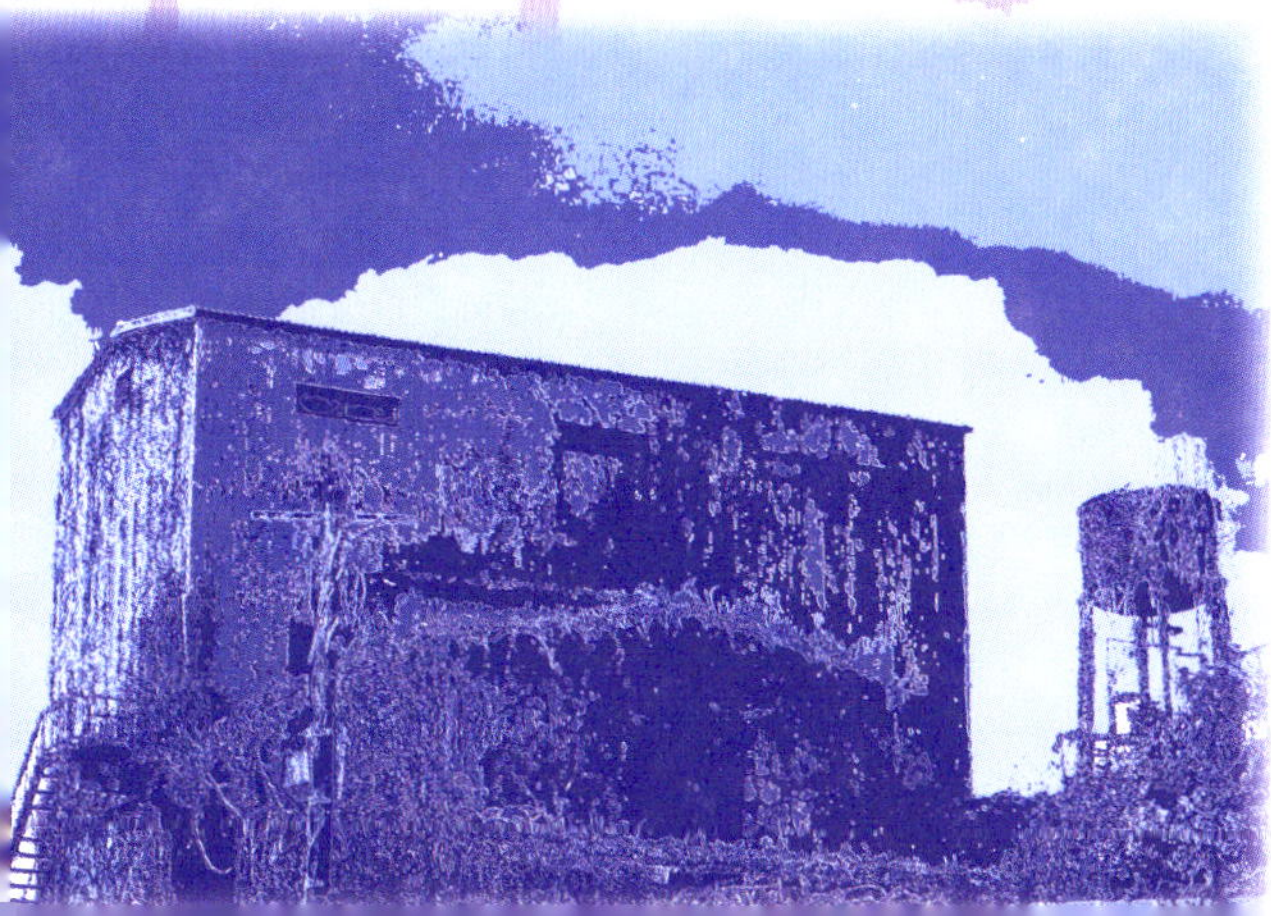

するとつき進《すす》む3名《めい》の前《まえ》に黒猫《くろねこ》が現《あらわ》れました。ものすごく人《ひと》なつこい子猫《こねこ》でしたが、どうやら3名《めい》を廃屋《はいおく》の方《ほう》に誘導《ゆうどう》しようとしているように見《み》えます。

「気味《きみ》が悪《わる》いなぁ、霊《れい》か何《なに》かにあやつられているみたいだ」「この猫《ねこ》、あの小屋《こや》にさそっているみたいだね」

怖《こわ》くなったSさんと友人《ゆうじん》は子猫《こねこ》がおりられないぐらい高《たか》い木《き》の枝《えだ》に放置《ほうち》しました。

「ごめんな、ここでおとなしくしていてくれ」「かわいそうだがしかたない」

ふたたび小屋《こや》に向《む》かって歩《ある》き始《はじ》めると、目《め》の前《まえ》にまた子猫《こねこ》が出現《しゅつげん》しました。

「どうやっておりたんだ?」「先回《さきまわ》りが出来《でき》るわけないし…」

このとき、Sさんの頭《あたま》に学生時代《がくせいじだい》の友人《ゆうじん》の言葉《ことば》がよみがえりました。

「あの小屋《こや》には入《はい》らないほうがいいぞ、あの小屋《こや》には入《はい》らないほうがいいぞ……」

あまりに怖《こわ》かったので小屋《こや》の探検《たんけん》はやめにしたそうです。

三年〇組《さんねんぜろくみ》
静岡県《しずおかけん》　Sel《セル》さんの
夏《なつ》じるし・画《が》
ごきげんよう。Sさん
おはようございます先輩《せんぱい》！
Sさんはもう学校《がっこう》にはなれた？
ずい分《ぶん》と古《ふる》い校舎《こうしゃ》だから、がっかりなさったんじゃない？
いえ
レトロなたたずまいですてきですわ
だがSさんには校内《こうない》でひとつ疑問《ぎもん》に思《おも》うことがあった…

ふーん、Sさんって
レトロマニアなの？
そ、そういう
ワケじゃ…
あ！ところで
先輩《せんぱい》におたずね
したいんですけど
なんで
あの教室《きょうしつ》
だけ
三年0組
使《つか》ってないのか
ごぞんじですか？
………
知《し》らない！
早《はや》く行《い》きましょ
チコクしちゃう
あ…
タッ
なぜ、あの
三年0組《さんねんぜろくみ》だけ
使《つか》ってないの？

Sさんは、前《まえ》から疑問《ぎもん》に思《おも》っていたという。そんなある日《ひ》
今日《きょう》の放課後《ほうかご》のそうじ当番《とうばん》ですが、
Sさん「三年0組《さんねんぜろくみ》」をお願《ねが》いします！
あっ…は、はい！
!?
聞《き》いた⁉「三年0組《さんねんぜろくみ》」ですって
ひそひそ
ざわ…
やだーこわーい‼
ざわ…
やっぱり三年0組《さんねんぜろくみ》には何《なに》かあるんだわ…
いよいよ謎《なぞ》がとけるわけね…

ガチャ
三年〇組
終《お》わったら
カギは
職員室《しょくいんしつ》まで
返《かえ》してね
はい!
ヒラヒラ
じゃあ
がんばって!
一人《ひとり》で入《はい》るのは
ちょっとコワイけど、
今《いま》がチャンス
だわ…!
思《おも》い切《き》って
入《はい》らなきゃ!!
ガララッ!
えいっ!!

シーン…
おかしいわ
てっきり
ほこりだらけだと
思《おも》ってたのに…
そろり
そろり
早《はや》く
終《お》わらせて
しまおう
ガチャ
カッチコッチ
カッチコッチ

これで
よしっと
あとは先生《せんせい》に
カギを
返《かえ》さないと…！
ガチャ
職員室
失礼《しつれい》します。
カギを返却《へんきゃく》に
来《き》ました
ありがと
もうおそいから
気《き》をつけて
お帰《かえ》りなさい
あ、あの
先生《せんせい》……
あの教室《きょうしつ》は
なぜいつも使《つか》って
いないんですか？
…そうね……、
そうじをしてくれた
Sさんには
特別《とくべつ》に事情《じじょう》を
お話《はな》しするわ…
……あれは…

まだ日本《にほん》が太平洋戦争《たいへいようせんそう》の真《ま》っただ中《なか》のころ、
この町《まち》も空襲《くうしゅう》の被害《ひがい》を受《う》けてしまったの
ゴォオオオオオ
ゴォオオオォ
多《おお》くの爆弾《ばくだん》がふりそそぎ…
ドゴォッ
アツイヨォオオオ
アアツイイイイイ
この学校《がっこう》の生徒《せいと》も多《おお》く亡《な》くなってしまった…
学業《がくぎょう》なかばで亡《な》くなった女学生《じょがくせい》たちのためにあの教室《きょうしつ》を残《のこ》しているの
またたまにそうじを手伝《てつだ》ってくれるとうれしいわ
はい…!
じ〜〜ん

失礼《しつれい》しました
ぺこっ
おっそーい！
あっ、先輩《せんぱい》
ひょこっ
いっしょに帰《かえ》りましょ
待《ま》ってたのよ
今《いま》も夕《ゆう》ぐれどきになると、なぜか通学《つうがく》してくる生徒《せいと》の姿《すがた》を目撃《もくげき》することがあるといいます
今の子 制服がちょっと 古くなかった？
あっはい…
そうですね…
戦争《せんそう》の空襲《くうしゅう》で亡《な》くなった生徒《せいと》たち。その無念《むねん》の思《おも》いが学校《がっこう》にとどまり続《つづ》けているのかもしれません…

第《だい》2の本棚《ほんだな》

怪《かい》

あの世《よ》から帰《かえ》ってきた女《おんな》の子《こ》

福岡県《ふくおかけん》　Tさんの体験《たいけん》

これは福岡県《ふくおかけん》に住《す》む女性《じょせい》、Tさんから聞《き》いた話《はなし》です。Tさんは子《こ》どものころ、おばあさんと住《す》んでいました。その家《いえ》には、お父《とう》さんの妹《いもうと》、つまりおばさんに当《あ》たるYさんも一緒《いっしょ》に住《す》んでいたのですが、そのYさんがとても不思議《ふしぎ》な体験《たいけん》をしたのだそうです。

Yさんは当時《とうじ》、まだ高校生《こうこうせい》でした。そのころは仲間《なかま》たちと一緒《いっしょ》に、よくドライブに出《で》かけていました。その日《ひ》もYさんは友《とも》だちの女《おんな》の子《こ》と、男《おとこ》の子《こ》二人《ふたり》とドライブで油山《あぶらやま》と呼《よ》ばれている山《やま》に行《い》きました。その山《やま》は心霊《しんれい》スポットといううわさがあり、そこで不思議《ふしぎ》なことが起《お》こったのです。

一緒《いっしょ》に行《い》っていた友人《ゆうじん》のA子《こ》ちゃんが、突然変《とつぜんへん》なことを口走《くちばし》り始《はじ》めたのです。

「私《わたし》は、私《わたし》はここから出《で》たい、出《だ》してくれ、出《だ》してくれ」

当然《とうぜん》、車《くるま》は走行中《そうこうちゅう》です。下《お》りられるわけがありません。

「A子《こ》ちゃん大丈夫《だいじょうぶ》？　ここから出《で》ちゃだめだよ、正気《しょうき》をもって」

Yさんは必死《ひっし》に問《と》いかけました。どうにかこうにかなだめすかしましたが、A子《こ》ちゃんのさく乱《らん》は続《つづ》いています。

「私《わたし》のことをA子《こ》ちゃんと呼《よ》ぶな、A子《こ》ちゃんじゃない、A子《こ》ちゃんと呼《よ》ぶな！」

「何言《なにい》ってるの、あなたの名前《なまえ》はA子《こ》ちゃんでしょ」

「A子《こ》ちゃんじゃない、私《わたし》は礼子《れいこ》だ！」

聞《き》いたことがない名前《なまえ》でした。

「おいおい、大丈夫《だいじょうぶ》か？」

運転中《うんてんちゅう》の男《おとこ》の子《こ》たちも目《め》をしろくろさせています。もう夜明《よあ》けが近《ちか》い時間《じかん》です。

男《おとこ》の子《こ》たちと相談《そうだん》し、とりあえず心霊《しんれい》スポットの油山《あぶらやま》から一番近《いちばんちか》いYさんの家《いえ》にもどることにしました。

さく乱《らん》し、あばれ続《つづ》けるA子《こ》ちゃんをどうにかこうにかおさえつけ、仏間《ぶつま》に着《つ》くと、A子《こ》ちゃんは大《おお》きないびきをかきながら寝《ね》てしまいました。

ぐあああああ

ぐああああ

いびきをかきながら眠《ねむ》るA子《こ》ちゃんを見《み》ながらYさんは不安《ふあん》を感《かん》じていました。

「どうにかおさまったみたいだけど、ヤバいな。Tちゃん、見《み》といて」

めいっ子《こ》にあたるTさんは、A子《こ》ちゃんの監視役《かんしやく》をおおせつかりました。

そのうち昼過《ひるす》ぎになり、おばあさんがTさんに、

「昼《ひる》ごはんだから、お姉《ねえ》ちゃんの友《とも》だちのA子《こ》ちゃんを起《お》こしてきなさい」

と言《い》われたため、A子《こ》ちゃんを起《お》こしに行《い》きました。

「A子《こ》お姉《ねえ》ちゃん、起《お》きて、昼《ひる》ごはんだよ」

しかし、A子《こ》ちゃんは相変《あいか》わらず

「A子《こ》ちゃんと呼《よ》ぶな、私《わたし》は礼子《れいこ》っていう名前《なまえ》だ、A子《こ》ちゃんと呼《よ》ぶな！」

と言《い》いながらわめいています。

怖《こわ》くなり、泣《な》きながらYさんとおばあさんに報告《ほうこく》に行《い》きました。

「A子《こ》お姉《ねえ》ちゃんがおかしな事言《ことい》ってるよ」

あまりの事《こと》に、Yさんは近所《きんじょ》の拝《おが》みやさんでおはらいをしてもらうことにしました。

拝《おが》んでもらったおかげで、何《なん》とか落《お》ち着《つ》いたA子《こ》ちゃんでしたが、最後《さいご》にこんなことを言《い》ったのです。

「私《わたし》は礼子《れいこ》だ、誰《だれ》なのかB君《くん》に聞《き》いてみろ、わかるよ」

B君《くん》とは、とりつかれたA子《こ》ちゃんの彼氏《かれし》でした。びっくりしてYさんはB君《くん》に電《でん》話《わ》しました。

「なんかね、A子《こ》ちゃんにとりついた幽霊《ゆうれい》がB君《くん》に聞《き》いてって言《い》うから、B君《くん》わかる?」

B君《くん》は声《こえ》をふるわせながら、答《こた》えました。

「わかるも何《なに》も、礼子《れいこ》だろ? あいつ、俺《おれ》の昔《むかし》の友《とも》だちだよ。遠《とお》くに転校《てんこう》したんだけど、事故《じこ》で死《し》んじゃったらしくて、あの山《やま》の近《ちか》くにある火葬場《かそうば》で焼《や》かれたんだ。その話《はなし》はA子《こ》にはしてなかったんだけどな。なんでわかるんだ?」

B君《くん》の幼《おさな》なじみの女性《じょせい》が死《し》に、あの油山《あぶらやま》で火葬《かそう》されたと言《い》います。そして、その油山《あぶらやま》にいったB君《くん》の彼女《かのじょ》・A子《こ》ちゃんに幼《おさな》なじみの女《おんな》の子《こ》がとりついたわけです。死者《ししゃ》の思《おも》いは死後《しご》も長《なが》く長《なが》く残《のこ》るものなのです。

夜《よる》歩《ある》く

徳島県《とくしまけん》　Tさんの体験《たいけん》

これは僕《ぼく》の友人《ゆうじん》のTくんが体験《たいけん》した奇妙《きみょう》な話《はなし》です。

「おぼえているだろう？　あの施設《しせつ》…」

Tくんは僕《ぼく》に向《む》かってそう語《かた》り始《はじ》めました。

「あぁ、僕《ぼく》らが子《こ》どものころに行《い》っていたあの施設《しせつ》ね」

僕《ぼく》とTくんは徳島県徳島市《とくしまけんとくしまし》の中学校《ちゅうがっこう》で同級生《どうきゅうせい》でした。当時《とうじ》の徳島県《とくしまけん》の子《こ》どもたちが夏《なつ》になると必《かなら》ず行《い》く、山《やま》の中《なか》の、ある宿泊施設《しゅくはくしせつ》があったのです。

「あの施設《しせつ》で妙《みょう》なうわさがあっただろう？」

「おお、あのうわさか。たしかに小学校《しょうがっこう》のころや中学校《ちゅうがっこう》のころに聞《き》いたね」

その施設《しせつ》には数多《かずおお》くのうわさがありました。

その施設《しせつ》に泊《と》まりに行《い》く前日《ぜんじつ》に入院《にゅういん》し、亡《な》くなってしまった生徒《せいと》が記念写真《きねんしゃしん》に写《うつ》りこむとか。あるいは宿泊中《しゅくはくちゅう》に体調《たいちょう》が悪《わる》くなり、そ

のまま亡《な》くなってしまった生徒《せいと》が寝《ね》ていたベッドにあたってしまうと、深夜《しんや》にうなされるとか…。

事実《じじつ》、僕《ぼく》の中学時代《ちゅうがくじだい》には、そのうわさのベッドに当《あ》たってしまった同級生《どうきゅうせい》が、

「ものすごく苦《くる》しい。あのベッドいやだよ」

と言《い》って、ベッドをかえてもらっている様子《ようす》を見《み》たことがあります。

（そういううわさがあるから、苦《くる》しく感《かん》じるのではないか？）

僕《ぼく》はそう思《おも》っていました。

また、この施設《しせつ》のある山《やま》は天狗《てんぐ》の伝説《でんせつ》が多《おお》い場所《ばしょ》であり、

「夜中《よなか》に大《おお》きな鳥《とり》のようなものを見《み》た」

「天狗《てんぐ》が施設《しせつ》の周辺《しゅうへん》を飛《と》んでいる」

そんな話《はなし》を他《ほか》の同級生《どうきゅうせい》から聞《き》いたこともありました。

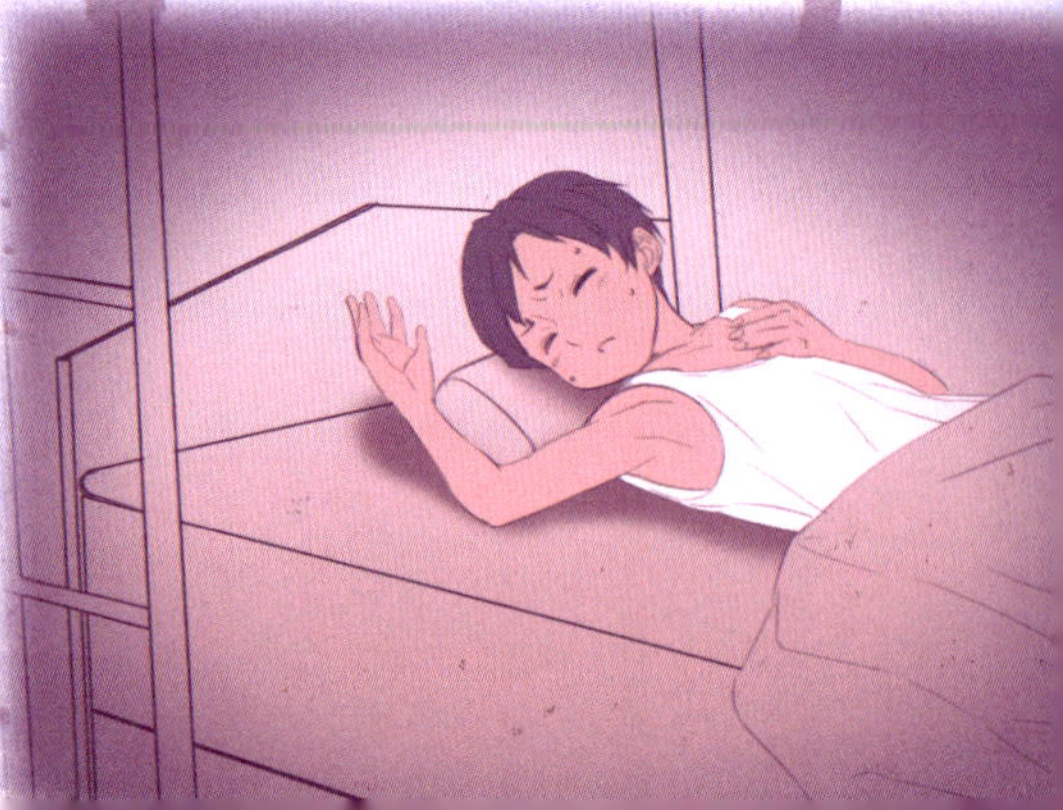

Tくんが中学生《ちゅうがくせい》のころ、通《かよ》っていた塾《じゅく》で、その施設《しせつ》に宿泊勉強会《しゅくはくべんきょうかい》に行《い》きました。

「山《やま》と言《い》えば、肝《きも》だめしがいいかも」

「天狗《てんぐ》に会《あ》うかもよ」

「死《し》んだ子《こ》どもの幽霊《ゆうれい》が出《で》るかも」

塾《じゅく》の仲間全員《なかまぜんいん》が大興奮《だいこうふん》です。

夜《よる》になり、何《なん》チームかに分《わ》かれた仲間《なかま》たちは、はりきって肝《きも》だめしにいどみました。

「ようし、幽霊《ゆうれい》とあったらぶっ飛《と》ばしてやるぞ！」

「全然怖《ぜんぜんこわ》くないね」

「肝《きも》だめしが怖《こわ》いなんて、小学生《しょうがくせい》までだろう」

仲間《なかま》たちは口《くち》ぐちに強気《つよき》な発言《はつげん》をしました。Tくんも数人《すうにん》の仲間《なかま》と一緒《いっしょ》にチームを作《つく》り、山道《やまみち》の肝《きも》だめしコースを歩《ある》き出《だ》しました。

ですが、肝《きも》だめしの途中《とちゅう》で無気味《ぶきみ》なものを目撃《もくげき》してしまったのです。

「おい、あれはなんだ！」「まじか!?」

仲間《なかま》たちが指《ゆび》さす方角《ほうがく》には老婆《ろうば》がいました。

「なんだ!?　お婆《ばあ》さんが空《そら》を歩《ある》いている」

空中《くうちゅう》に透明《とうめい》な道《みち》があるかのように、一人《ひとり》の老婆《ろうば》がよろよろと――虚空《こくう》を歩《ある》いていく。

老婆《ろうば》はひどく腰《こし》が曲《ま》がっていますが、どこにでもいそうな外見《がいけん》でした。

（これは夢《ゆめ》なのか、現実《げんじつ》なのか？）

Tくんはわが目《め》をうたがいました。空中《くうちゅう》を歩《ある》いていく老婆《ろうば》。そんなことが現実《げんじつ》にあるとは思《おも》えなかったのです。

「おい、あのお婆《ばあ》さんが見《み》えるか？」

「あぁ、見《み》えるよ。お婆《ばあ》さんが歩《ある》いているよな」

「俺《おれ》にも見《み》えるぜ」

横《よこ》にいた友人《ゆうじん》たちに確認《かくにん》したのですが、誰《だれ》の目《め》にも見《み》えるというのです。

（あれはいったい、なんだったんだろうか？）

不思議《ふしぎ》に思《おも》いながら、肝《きも》だめしコースをまわり終《お》わって宿舎《しゅくしゃ》に

帰《かえ》ってくると、引《いん》そつの塾《じゅく》の先生《せんせい》がTくんに向《む》かってこう言《い》いました。

「君《きみ》のお婆《ばあ》さんが亡《な》くなった。早《はや》く家《いえ》に帰《かえ》ろう」

「ばあちゃんが…。じゃあさっきのお婆《ばあ》さんって…」

Tくんは、肝《きも》だめしのとちゅうで目撃《もくげき》した老婆《ろうば》は、亡《な》くなった自分《じぶん》のお婆《ばあ》さんの霊《れい》だったのではないかと思《おも》いました。

ギンギンギラギラ

沖縄県《おきなわけん》　Tさんの体験《たいけん》

これは、僕《ぼく》の友人《ゆうじん》のTさんから聞《き》いた話《はなし》です。

Tさんは沖縄《おきなわ》に関《かん》する民話《みんわ》の聞《き》き取《と》り調査《ちょうさ》をしたことがあります。これはそのときに聞《き》いた、沖縄《おきなわ》のある小学校《しょうがっこう》で目撃《もくげき》された、不思議《ふしぎ》でとても悲《かな》しいお話《はなし》です。

沖縄《おきなわ》が日本《にほん》に返還《へんかん》されて間《ま》もないころ、ある小学校《しょうがっこう》で不気味《ぶきみ》なうわさが流《なが》れました。

「あの小学校《しょうがっこう》やばいよな」

人《ひと》びとは、そううわさしました。

その小学校《しょうがっこう》には戦争《せんそう》で亡《な》くなった子《こ》どもの霊《れい》が出《で》るというのです。

夕方《ゆうがた》になると、その霊《れい》は校庭《こうてい》に出《で》たといいます。

――しかも首《くび》だけで。

夕暮《ゆうぐ》れの校庭《こうてい》に、首《くび》だけの幽霊《ゆうれい》が浮《う》かんでいる。

夕日《ゆうひ》に照《て》らされながら、その首《くび》はぐるぐる回《まわ》ると言《い》われています。

そして、その首《くび》はこんな歌《うた》を歌《うた》うそうです。

「ぎんぎんぎらぎら夕日《ゆうひ》が沈《しず》む、
ぎんぎんぎらぎら日《ひ》が沈《しず》む」

そう言《い》いながら、少年《しょうねん》の首《くび》はゆっくりと夕暮《ゆうぐ》れの校庭《こうてい》を回転《かいてん》しながら飛《と》んで行《い》くのです。夕日《ゆうひ》に赤《あか》くてらされた少年《しょうねん》の顔《かお》は無表情《むひょうじょう》で、どこか遠《とお》くを見《み》つめるような目《め》をしていたと言《い》われています。

赤《あか》く照《て》らされた少年《しょうねん》の首《くび》は、影《かげ》を作《つく》りながら校庭《こうてい》の上《うえ》を舞《ま》っている。

そして、裂《さ》けた口《くち》から悲《かな》しげな歌声《うたごえ》が聞《き》こえてきます。

「ぎんぎんぎらぎら夕日《ゆうひ》が沈《しず》む、ぎんぎんぎらぎら日《ひ》が沈《しず》む」

夕方《ゆうがた》になると、そんな悲《かな》しげな歌声《うたごえ》が聞《き》こえてきたといいます。

ですから、生徒《せいと》たちは夕方《ゆうがた》になる前《まえ》に逃《に》げ帰《かえ》ったといいます。

「おい、はやく逃《に》げようぜ、アレが出《で》るよ」

「あれって？」

「あれだよ、『ぎんぎんぎらぎら』だよ」

「ああ、あの首《くび》か」

生徒《せいと》たちはそう言《い》いながら、校庭《こうてい》から転《ころ》げるように逃《に》げさったそうです。

今《いま》もあの首《くび》は飛《と》んでいるのでしょうか？。

夕日《ゆうひ》に照《て》らされ、ぐるぐるぐるぐる回転《かいてん》しな

がら校庭《こうてい》の上《うえ》を飛《と》んでいるのでしょうか？

「ぎんぎんぎらぎら夕日《ゆうひ》が沈《しず》む、ぎんぎんぎらぎら日《ひ》が沈《しず》む」

妖怪給食婆《ようかいきゅうしょくばばあ》

千葉県《ちばけん》 Yさんの体験《たいけん》

これは千葉県《ちばけん》のある小学校《しょうがっこう》に残《のこ》されているお話《はなし》です。

その小学校《しょうがっこう》の入《い》り口《ぐち》はやや坂道《さかみち》になっており、コンクリートでぬり固《かた》められています。そのコンクリートの坂道《さかみち》を上《あ》がると校門《こうもん》につながり、学校《がっこう》に入《はい》ることができるのですが、その坂道《さかみち》の一画《いっかく》に色《いろ》が変《か》わっている所《ところ》がありました。

まるで血《ち》が染《し》み込《こ》んだようにどす黒《ぐろ》く変色《へんしょく》しています。

「なんだか気持《きも》ち悪《わる》いよね」

「本当《ほんとう》に気持《きも》ち悪《わる》いよね、ふんだら呪《のろ》われそう」

「そうだね、妖怪《ようかい》かなんかがいるんじゃないの？」

そんな話《はなし》をYさんたちはしていました。

すると、先輩《せんぱい》からある不思議《ふしぎ》な話《はなし》を聞《き》いたのです。

「あの校門《こうもん》の坂道《さかみち》の色《いろ》が変《か》わったのは、呪《のろ》われた場所《ばしょ》だから。あの場所《ばしょ》に決《けっ》して近《ちか》づいてはいけない、決《けっ》してふんではいけない場所《ばしょ》なの」

「えっ、どうしてですか先輩《せんぱい》？」

Yさんは自分《じぶん》の疑問《ぎもん》をぶつけました。すると先輩《せんぱい》はこのように答《こた》えました。

「あの場所《ばしょ》には妖怪《ようかい》がうまっているの」

あまりにとっぴな話《はなし》に、Yさんはびっくりしてしまいました。

「妖怪《ようかい》がうまっている？　まさかぁ」

「いや本当《ほんとう》なのよ、Yちゃん。あそこに妖怪《ようかい》がうまっているのは」

先輩《せんぱい》はまじめな顔《かお》をしています。

「妖怪《ようかい》って、どんな妖怪《ようかい》がうまっているんですか？」

その先輩《せんぱい》は真面目《まじめ》な顔《かお》をくずさずこう言《い》ってきたのです。

「妖怪給食婆《ようかいきゅうしょくばばあ》がうまっているのよ」

Yさんはその変《へん》な名前《なまえ》に吹《ふ》き出《だ》しそうになりました。

「妖怪給食婆《ようかいきゅうしょくばばあ》!?」

「そんな変《へん》な名前《なまえ》の妖怪《ようかい》がいるなんて信《しん》じられません」

ですが、先輩《せんぱい》は怖《こわ》い顔《かお》をしてこう言《い》います。

今《いま》から数十年前《すうじゅうねんまえ》、まだ給食《きゅうしょく》が始《はじ》まったばかりのころ、子《こ》どもたちの健康《けんこう》を思《おも》って、毎日一生懸命給食《まいにちいっしょうけんめいきゅうしょく》を作《つく》るおばさんがいました。

ですが、あるとき犯罪《はんざい》に巻《ま》き込《こ》まれてしまい、無念《むねん》にも命《いのち》をうばわれ、その坂道《さかみち》にうめられてしまったのです。

しかし、毎日《まいにち》、子《こ》どもたちのために給食《きゅうしょく》を作《つく》りたいと思《おも》っていたおばさんの思《おも》いがコンクリートの色《いろ》を変《か》え、そしていつしか変色《へんしょく》した部分《ぶぶん》を作《つく》ってしまったといいます。

そして、変色《へんしょく》した部分《ぶぶん》をふんだ子《こ》どもに妖怪給食婆《ようかいきゅうしょくばばあ》のたたりがおよぶとうわさされていたのです。

Yさんは心《こころ》の中《なか》でこう思《おも》いました。

「だって、子《こ》どもたちの健康《けんこう》を祈《いの》って毎日給食《まいにちきゅうしょく》を作《つく》ってくれたおばさんが、子《こ》どもを呪《のろ》うわけないじゃん」

ですが、どうしてもこの変色《へんしょく》した部分《ぶぶん》にYさんは近寄《ちかよ》ることが出来《でき》ませんでした。

万《まん》が一《いち》、本当《ほんとう》に妖怪給食婆《ようかいきゅうしょくばばあ》が出《で》てきたら…。

そう思《おも》うと怖《こわ》くて怖《こわ》くて、とても近《ちか》づくことが出来《でき》なかったからです。

妖怪給食婆《ようかいきゅうしょくばばあ》は、今《いま》も静《しず》かに地中《ちちゅう》から、あなたたちの姿《すがた》を見守《みまも》っているのかもしれません。

日本《にほん》の怪談《かいだん》スポットめぐり

浅草編

ここでは日本屈指《にほんくっし》の
妖怪《ようかい》スポットである
東京《とうきょう》・浅草に、私の部下《ぶか》を
送《おく》り込《こ》んで作成《さくせい》した、
調査レポートを紹介《しょうかい》しよう。

私《わたし》が調査《ちょうさ》します

十四代目《じゅうよんだいめ》トイレの花子《はなこ》さん

山口敏太郎《やまぐちびんたろう》タートルカンパニー所属《しょぞく》。114歳《さい》。4時《じ》44分《ぷん》44秒《びょう》に4階《かい》の女子《じょし》トイレの4番目《ばんめ》の個室《こしつ》で自《みずか》ら首《くび》を切《き》り命《いのち》を絶《た》った少女《しょうじょ》の妖怪《ようかい》。

浅草怪談スポットMAP《マップ》

鬼婆《おにばば》が身《み》を投《な》げたと伝《つた》わる姥ケ《うばが》池《いけ》。普通《ふつう》の公園《こうえん》の一角《いっかく》にある。

1 姥ケ池《うばがいけ》

浅草《あさくさ》には、「一《ひと》つ家《や》の鬼婆《おにばば》」という伝説《でんせつ》があります。旅人《たびびと》を泊《と》めて、石《いし》の枕《まくら》で殺《ころ》し、金品《きんぴん》をうばっていた鬼婆《おにばば》のお話《はなし》。なんと 1000 人目《にんめ》の旅人《たびびと》を殺《ころ》した後《あと》、自分《じぶん》の娘《むすめ》であることに気《き》づいた鬼婆《おにばば》は、自分《じぶん》の罪《つみ》をくやみ、この池《いけ》に身投《みな》げしたという伝説《でんせつ》が残《のこ》ります。すぐ近《ちか》くの浅草寺《せんそうじ》には、鬼婆《おにばば》が使用《しよう》した石《いし》の枕《まくら》や、鬼婆《おにばば》の天井《てんじょう》絵馬《えま》がありますが、現在非公開《げんざいひこうかい》です。

わが子《こ》とも知《し》らず殺《ころ》そうとする、鬼婆《おにばば》の姿《すがた》を描《えが》いた絵《え》。歌川国芳《うたがわくによし》画《が》『観世音霊験一ツ家《かんぜおんれいげんひとつや》の旧事《きゅうじ》』。

母親《ははおや》を止《と》めるため、自《みずか》らの命《いのち》をささげた娘《むすめ》の話《はなし》として、近年《きんねん》は親孝行《おやこうこう》のパワースポットとしても人気《にんき》が高《たか》い。

2 浅草寺《せんそうじ》 鎮護堂《ちんごどう》

浅草寺《せんそうじ》の中《なか》には、通称《つうしょう》「おたぬき様《さま》」と呼《よ》ばれる、鎮護堂《ちんごどう》があります。その昔《むかし》、浅草寺境内《せんそうじけいだい》に化《ば》けだぬきがすみつき、暴《あば》れたことがありました。それをおさめるために、「狸社《たぬきやしろ》」をまつったのが始《はじ》まりとされます。1883（明治十六《めいじじゅうろく》）年《ねん》に移転《いてん》し「鎮護堂《ちんごどう》」の名前《なまえ》になりました。

たくさんの観光客《かんこうきゃく》が訪《おとず》れる浅草寺《せんそうじ》。

鎮護堂《ちんごどう》の横《よこ》には２匹《ひき》のたぬき。たぬきは「他《た》抜《ぬ》き」に通《つう》じ、商売繁盛《しょうばいはんじょう》や芸事上達《げいごとじょうたつ》などのご利益《りやく》があるとされる。

鎮護堂《ちんごどう》の入口《いりぐち》は、浅草寺《せんそうじ》の本堂《ほんどう》からすこしはなれた伝法院通《でんぼういんどお》りにある。

3 浅草《あさくさ》たぬき通《どお》り商店街《しょうてんがい》

浅草《あさくさ》にはたぬき通《どお》りという、たぬきで町《まち》おこしをする商店街《しょうてんがい》があります。昔《むかし》、浅草《あさくさ》にいたたぬきのうち 12 匹《ひき》が、人《ひと》の役《やく》に立《た》とうと努力《どりょく》し、仙人修行《せんにんしゅぎょう》を行《おこな》ったといいます。そんな、たぬきの伝説《でんせつ》にあやかって作《つく》られた、人《ひと》びとの願《ねが》いをかなえる願《がん》かけたぬきに会《あ》うことができます。

願《がん》かけたぬき12匹《ひき》を模《も》した像《ぞう》は「人《にん》情《じょう》たぬき」「愛情《あいじょう》たぬき」として並《なら》ぶ。

かつて浅草《あさくさ》には野生《やせい》のたぬきがたくさんすみ、たぬきの楽園《らくえん》とまで呼《よ》ばれていた。

たぬき通《どお》り商店街《しょうてんがい》は新仲見世通《しんなかみせどお》りのすぐとなり、30m ほどの商店街《しょうてんがい》。

④ かっぱ橋道具街《ばしどうぐがい》®

河童《かっぱ》のオブジェは、せともののやさんのマスコット。

かっぱ橋《ばし》には、その昔《むかし》、合羽屋喜八《かっぱやきはち》という人物《じんぶつ》がいました。喜八《きはち》は洪水《こうずい》になやむ商店《しょうてん》街《がい》のため、水《みず》が入《はい》り込《こ》まないように堀《ほり》を作《つく》りました。そのときに手助《てだす》けしてくれたのが、隅田川《すみだがわ》に住《す》む河童《かっぱ》たちです。工事《こうじ》を手《て》伝《つだ》う河童《かっぱ》を目撃《もくげき》した人《ひと》は、運気《うんき》が上昇《じょうしょう》したといわれ、以来道具街《いらいどうぐがい》では河童《かっぱ》が幸運《こううん》のシンボルとして大切《たいせつ》にまつられています。

街《まち》のいろいろな場所《ばしょ》で、河童《かっぱ》を目撃《もくげき》する。

超巨大《ちょうきょだい》なコックさんは、有名《ゆうめい》な洋食器屋《ようしょっきや》さんのもの。

かっぱ橋道具街《ばしどうぐがい》は、日本一《にほんいち》の道《どう》具街《ぐがい》とよばれ、さまざまな調理品《ちょうりひん》などが並《なら》ぶ。

黄金《おうごん》のかっぱ像《ぞう》

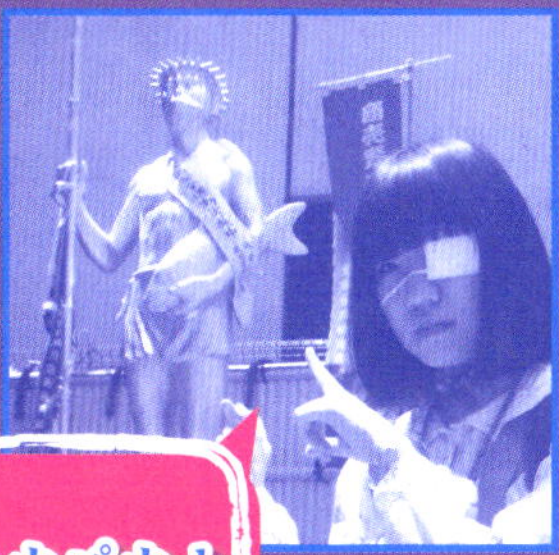

かっぱ橋道具街《ばしどうぐがい》のシンボルとなっているのが「黄金《おうごん》のかっぱ像《ぞう》」です。これはかっぱ橋道具街《ばしどうぐがい》の90周年記念《しゅうねんきねん》のシンボルとして、2003年《ねん》に作《つく》られたものです。正式名称《せいしきめいしょう》は「かっぱ河太郎像《かわたろうぞう》」です。河太郎《かわたろう》とは江戸《えど》の言葉《ことば》で河童《かっぱ》のことを指《さ》します。

かっぱ橋道具街《ばしどうぐがい》の近《ちか》くにあります。

合羽屋喜八《かっぱやきはち》のお墓《はか》もここにあります。

この河童《かっぱ》は、鳥山石燕《とりやませきえん》の『画図百鬼夜行《がずひゃっきやこう》』より。石燕《せきえん》のお墓《はか》も近《ちか》くにある。

5 曹源寺《そうげんじ》（かっぱ寺《でら》）

河童《かっぱ》のオブジェやゆかりの品物《しなもの》が収《おさ》められている河童《かっぱ》ファン注目《ちゅうもく》のお寺《てら》。有名《ゆうめい》な漫画家《まんがか》の描《えが》いた河童《かっぱ》の天井画《てんじょうが》や掛《か》け軸《じく》、河童《かっぱ》の手《て》のミイラが保管《ほかん》されています。

山奥《やまおく》にすむといわれる約《やく》2.4メートルの大《おお》ガマ。竹原春泉《たけはらしゅんせん》画《が》『絵本百物語《えほんひゃくものがたり》』に描《えが》かれた「周防《すおう》（山口県《やまぐちけん》）の大蟇《おおがま》」。

6 本覚寺《ほんがくじ》（がま大明神《だいみょうじん》）

本覚寺《ほんがくじ》というお寺《てら》の中《なか》には、がま大明《だいみょう》神《じん》があります。もともとはイボとりにご利益《りやく》があるとされていました。今《いま》は、ガマの人形《にんぎょう》を購入《こうにゅう》して持《も》ち帰《かえ》り、自分《じぶん》の願《ねが》いごとがかなったら、ここにお返《かえ》しに来《く》る風習《ふうしゅう》に。お客《きゃく》さんや景気《けいき》がかえってくるということから、映画界《えいがかい》や演劇界《えんげきかい》などでも人気《にんき》の高《たか》いお寺《てら》です。

広《ひろ》びろとした本覚寺《ほんがくじ》の中《なか》には、いろいろなお社《やしろ》がある。

千八《せんぱち》という人《ひと》が願《がん》をかけたところ、かなえてもらった御礼《おれい》に、この大明神《だいみょうじん》を建立《こんりゅう》したと伝《つた》わる。

社《やしろ》の中《なか》や、そのまわりは、ガマであふれている。

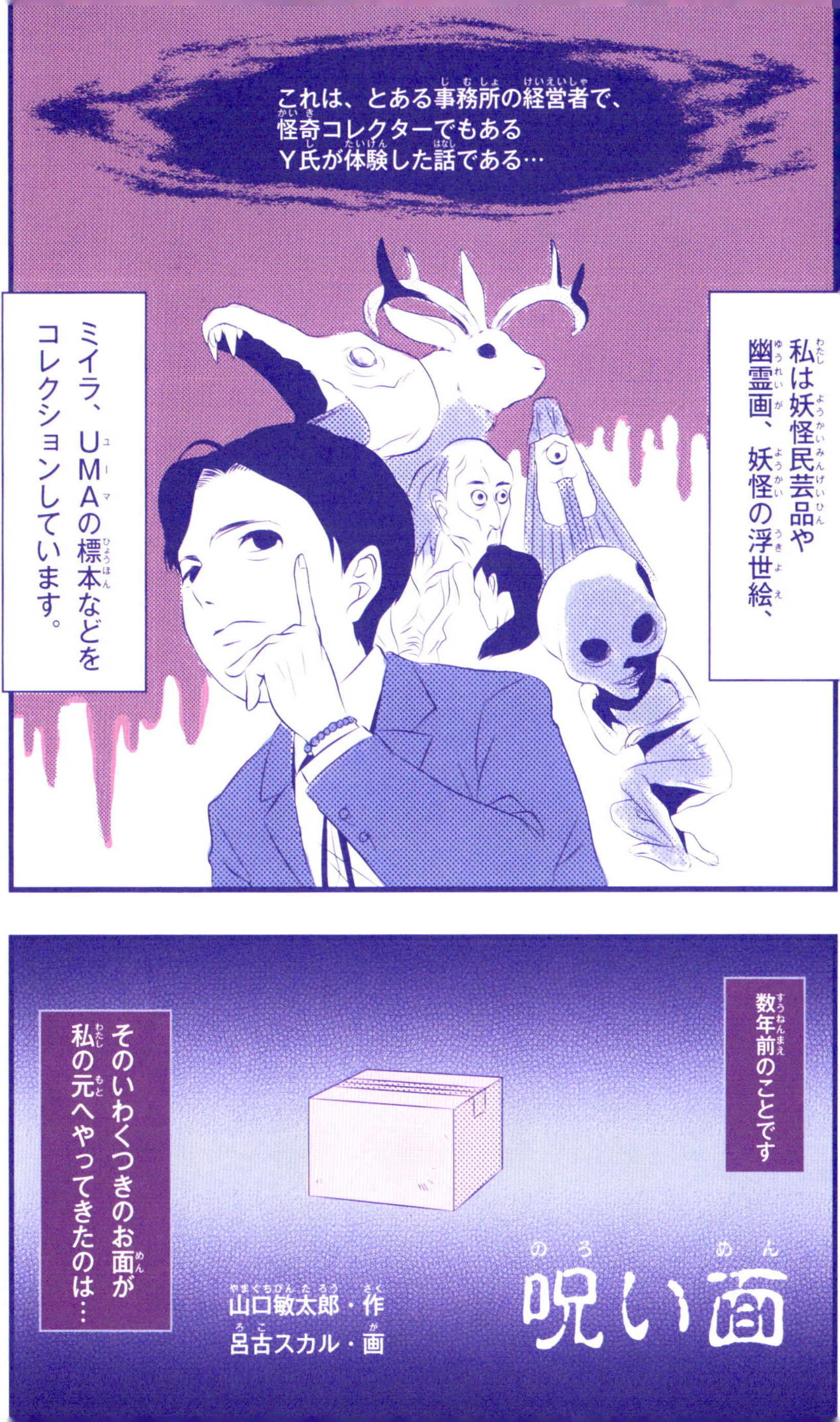

これは、とある事務所《じむしょ》の経営者《けいえいしゃ》で、
怪奇《かいき》コレクターでもある
Y氏《し》が体験《たいけん》した話《はなし》である…
私《わたし》は妖怪民芸品《ようかいみんげいひん》や幽霊画《ゆうれいが》、妖怪《ようかい》の浮世絵《うきよえ》、
ミイラ、UMA《ユーマ》の標本《ひょうほん》などをコレクションしています。
数年前《すうねんまえ》のことです
そのいわくつきのお面《めん》が私《わたし》の元《もと》へやってきたのは…
呪《のろ》い面《めん》
山口敏太郎《やまぐちびんたろう》・作《さく》
呂古《ろこ》スカル・画《が》

その面《めん》を見《み》た
霊感《れいかん》の強《つよ》い友人《ゆうじん》は
こう言《い》いました
あのお面《めん》は三人《さんにん》くらい不幸《ふこう》にしてるから、表《おもて》に出《だ》さないほうがいいわよ
一人目《ひとりめ》は病気《びょうき》
二人目《ふたりめ》は事故《じこ》に遭遇《そうぐう》
三人目《さんにんめ》はビジネスがかたむいてしまった、とその友人《ゆうじん》は霊視《れいし》したのです
だが、そのとき私《わたし》はあまり気《き》にしていませんでした
ぐうぜんの一致《いっち》だろう…
最初《さいしょ》の犠牲者《ぎせいしゃ》が出《で》たのは2007年《ねん》3月《がつ》のことでした…

呪《のろ》いのある仮面《かめん》？いいですねぇ！
そのうわさを聞《き》きつけた雑誌記者《ざっしきしゃ》のM氏《し》が、誌面《しめん》にのせたいと提案《ていあん》してきたのです
だがその撮影《さつえい》が終了《しゅうりょう》した日《ひ》の夜《よる》……
仕事仲間《しごとなかま》の一人《ひとり》が急死《きゅうし》し、
さらに数日後《すうじつご》、M氏《し》が階段《かいだん》から落下《らっか》しあばら骨《ほね》や前歯《まえば》を折《お》ってしまったのです
50代《だい》だけどこのタイミングだとねぇ…

いやぁ、不覚《ふかく》でした！お酒《さけ》飲《の》んでましたから…
…すみません。やはりあのお面《めん》のせいでしょうか？
いやいや、ぐうぜんでしょう。
…ぐうぜんか…
その後《ご》、お面《めん》は倉庫《そうこ》に保管《ほかん》されることになりました
――が、次《つぎ》の犠牲者《ぎせいしゃ》が出《で》ることになってしまいました。それは、2008年《ねん》4月《がつ》――

事務所《じむしょ》に持《も》ってくるように指示《しじ》を受《う》けたアルバイトのスタッフが、
ぐる ぐる
あれ…？
おーい ここ!!
駅《えき》から歩《ある》いて5分《ふん》ほどの通《かよ》いなれている事務所《じむしょ》への道《みち》を迷《まよ》い、たどり着《つ》くことができなくなり…
箱《はこ》を開《あ》けてみると…
ヒィッ！
出《で》てきたのは封印《ふういん》したはずのあのお面《めん》だったのです
その日《ひ》は仕方《しかた》なくお面《めん》を事務所《じむしょ》に置《お》いたままみな帰宅《きたく》したのですが…
その夜《よる》、再《ふたた》びスタッフの仲間《なかま》が急死《きゅうし》。今度《こんど》は40代半《だいなか》ばの働《はたら》きざかりの人物《じんぶつ》が病死《びょうし》したのです

スタッフに不気味《ぶきみ》がられ、お面《めん》は私《わたし》が車《くるま》にのせて持《も》ち帰《かえ》ることになりました
支店《してん》の事務所《じむしょ》に寄《よ》ってから帰《かえ》ろう
支店《してん》での用事《ようじ》をすませて帰宅《きたく》したその夜《よる》――
支店《してん》の向《む》かいの家《いえ》に住《す》む老婆《ろうば》が、
原因不明《げんいんふめい》で変死《へんし》したのだそうです――…三人目《さんにんめ》の犠牲者《ぎせいしゃ》です
後日《ごじつ》、支店《してん》のスタッフが警察《けいさつ》に聞《き》きこみをうけました…
しかし、呪《のろ》われたお面《めん》を乗《の》せた車《くるま》のトランクが老婆《ろうば》の家《いえ》のほうを向《む》いていたから、などと証言《しょうげん》できるわけがありません

知人の主催するホラーイベントに、どうしてもお面《めん》を登場《とうじょう》させたい、というい らいを受《う》けたのですが…
お面《めん》を運《はこ》ぶスタッフがまだ到着《とうちゃく》してないだって!?
しかたない。先《さき》に始《はじ》めよう
そのとき、ゲストで出演《しゅつえん》していた霊感《れいかん》の強《つよ》い女性《じょせい》タレントが客席《きゃくせき》に奇怪《きかい》なものを見《み》たのです
あれ何《なに》…!?

客席《きゃくせき》に黒《くろ》い大《おお》きな男《おとこ》が立《た》っているのです。
その黒《くろ》い男《おとこ》のすがたはとつぜん消《き》えました――
そして男《おとこ》が消《き》えたところには、お面《めん》の箱《はこ》をかかえたスタッフが立《た》っていたのです
おそかったね⁉ どうしたの？
電車《でんしゃ》が人身事故《じんしんじこ》でとまってしまったんです！
しかも電車《でんしゃ》が「ガッタン」と遺体《いたい》を乗《の》り越《こ》えたとたんに電車《でんしゃ》がとまったのだという
ちょうどお面《めん》をかかえていた彼女《かのじょ》の席《せき》の真下《ました》に遺体《いたい》があったのです
ガタン
100%お面《めん》の呪《のろ》いとは限《かぎ》らないがそう思《おも》わせる怪異《かいい》が次《つぎ》つぎと発生《はっせい》したのです

2012年《ねん》初夏《しょか》
ついにテレビの取材《しゅざい》を
受《う》けることになりました
この取材時《しゅざいじ》にも不気味《ぶきみ》な
死《し》の連鎖《れんさ》が起《お》きたのです
関《かん》してテレビスタッフ
からインタビューを
受《う》けていたとき
ちょうどその時間《じかん》、彼《かれ》の叔父《おじ》さん
が亡《な》くなっていたのです
さらに、スタッフの中《なか》には具合《ぐあい》が
悪《わる》くなる者《もの》も出《で》ました
そして、テレビ番組《ばんぐみ》の放映《ほうえい》に
よって、このお面《めん》のことが
多《おお》くの人《ひと》に知《し》られることに
なりました――

この放送後《ほうそうご》「呪《のろ》い面《めん》」は
お寺《てら》にあずけられ、
毎朝《まいあさ》お経《きょう》を聞《き》いて
仏弟子《ぶつでし》として修行《しゅぎょう》を
行《おこな》っています
呪《のろ》い面《めん》がいつか祝《いわ》い面《めん》に
変《か》わるとよいですね…

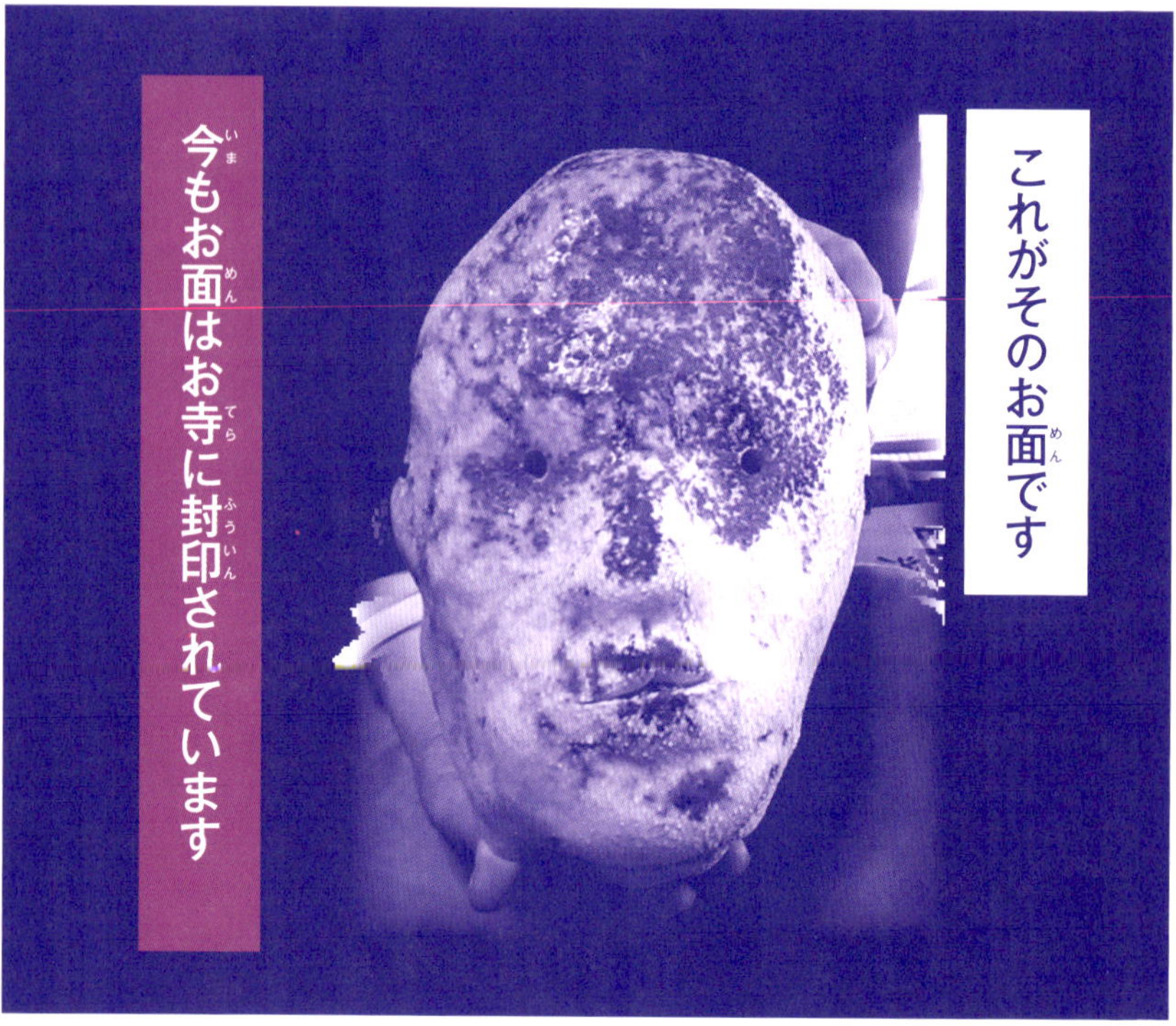
これがそのお面《めん》です
今《いま》もお面《めん》はお寺《てら》に封印《ふういん》されています

亡《ぼう》
第《だい》3の本棚《ほんだな》

おじいさんの背負《せお》うもの

福島県《ふくしまけん》　水木《みずき》ノアさんの体験《たいけん》

この話《はなし》は、水木《みずき》ノアさんという歌手《かしゅ》の方《かた》から聞《き》いた話《はなし》です。ノアさんは何度《なんど》かおじいさんの幽霊《ゆうれい》に出会《であ》ったことがあるといいます。大学時代《だいがくじだい》には、こんなことがありました。

都内《とない》のある大学《だいがく》に入学《にゅうがく》したノアさんは、同《おな》じ学科《がっか》の一年生全員《いちねんせいぜんいん》で、とある宿泊施設《しゅくはくしせつ》に行《い》きました。新入生同士《しんにゅうせいどうし》、交流《こうりゅう》をはかるのが目的《もくてき》でした。その施設《しせつ》の一画《いっかく》でノアさんと友人《ゆうじん》が楽《たの》しくお話《はなし》をしていると、浴衣姿《ゆかたすがた》の首《くび》にタオルを巻《ま》いたおじいさんが現《あらわ》れました。

（あら、このおじいさん宿泊客《しゅくはくきゃく》かしら？）

ノアさんは本能的《ほんのうてき》にそう思《おも》いました。しかし、楽《たの》しいお話《はなし》に夢中《むちゅう》になってしまい、特《とく》に話題《わだい》にすることはありませんでした。すると、

「にた〜あ」

と、おじいさんは二人《ふたり》に向《む》かってほほえみました。

（えっ、なんなの?、このおじいさん…?）

ノアさんが少《すこ》し不気味《ぶきみ》に思《おも》っていると、おじいさんは二人《ふたり》に向《む》かって軽《かる》く会釈《えしゃく》をして通《とお》り過《す》ぎました。

（あぁ、良《よ》かった。どうやら、ごく普通《ふつう》のおじいさんね）

ノアさんと友人《ゆうじん》も会釈《えしゃく》を返《かえ》して、何事《なにごと》もなく話《はなし》を続《つづ》けていました。おじいさんはそのまま近《ちか》くにあった布団部屋《ふとんべや》のドアを開《あ》けて、中《なか》に入《はい》っていきました。

（布団部屋《ふとんべや》になんの用《よう》があるんだろう?）

少《すこ》し不思議《ふしぎ》に思《おも》ったノアさんでしたが、そのままおしゃべりを続《つづ》けていました。

ですが、おじいさんは、10分《ぷん》経《た》っても20分《ぷん》経《た》っても布団部屋《ふとんべや》から出《で》てきません。

「あれ? あのおじいさん入《はい》っていったきり出《で》てこないわ」

どうやら、友人《ゆうじん》もおじいさんを怪《あや》しいと思《おも》っていたようでした。

「そうね、おかしいわね。出《で》てこないわね」

二人《ふたり》の間《あいだ》に奇妙《きみょう》な沈黙《ちんもく》が流《なが》れました。

「どういうことかしら、ノアさん、ちょっと見《み》に行《い》ってみない？」

友人《ゆうじん》の提案《ていあん》で二人《ふたり》は連《つ》れ立《だ》っておじいさんの入《はい》った布団部屋《ふとんべや》に向《む》かいました。ドアにそっと手《て》をかけ、扉《とびら》を開《あ》け放《はな》った二人《ふたり》は思《おも》わず息《いき》をのみました。

「ええっ、そんなばかな!?」

「誰もいない!!」

布団部屋《ふとんべや》は四畳半《よじょうはん》ほどのせまい空間《くうかん》で布団《ふとん》がびっしりと置《お》かれており、おじいさん

がかくれる場所《ばしょ》どころか、通《とお》りぬける場所《ばしょ》さえもなかったのです。

じゃあ、あのおじいさんはどこにいったのでしょう？

「おかしいな、たしかにこの部屋《へや》に入《はい》っていくところを見《み》たのに…」

「あのおじいさんはどこに消《き》えたの？」

この不気味《ぶきみ》な体験《たいけん》は今《いま》もノアさんが同窓会《どうそうかい》で友人《ゆうじん》と合《あ》うたびに、まるで確認《かくにん》するかのように話《はな》してしまうのだそうです。

ノアさんは小学校《しょうがっこう》のときにも、おじいさんの霊《れい》を見《み》たことがあるといいます。

彼女《かのじょ》は友人《ゆうじん》のノンちゃんと下校中《げこうちゅう》に、ホームレスのおじいさんを見《み》かけました。

（あのおじいさん、ときどき見《み》かけるおじいさんだ）

おじいさんは背中《せなか》が曲《ま》がり、よろよろとした足取《あしど》りで歩《ある》いています。

ずずずっ、ずずずっ

まるで鉄《てつ》をせおったように重《おも》い足取《あしど》りです。

右手《みぎて》には杖《つえ》らしきものを引《ひ》きずり、おじいさんは弱《よわ》よわしい足取《あしど》りで歩《ある》きます。

（ああ、おじいさんも大変《たいへん》なんだな）

彼女《かのじょ》は本能的《ほんのうてき》にそう思《おも》いました。ですが、横《よこ》にいた友人《ゆうじん》のノンちゃんは思《おも》わず悲鳴《ひめい》を上《あ》げてしまったのです。

ひゃああああああー

あまりの大声《おおごえ》にノアさんはノンちゃんの方《ほう》に向《む》き直《なお》りました。

「どうしたの？　ノンちゃん」

「あの…、あのおじいさんの背中《せなか》に女《おんな》の子《こ》がいるよ!!」

彼女《かのじょ》はノンちゃんの言葉《ことば》におどろきました。ノアさんの目《め》にはおじいさんは一《ひと》

人ぼっちに見《み》えました。

「えっ!?、女《おんな》の子《こ》なんていないよ」

「いるよ、いるって！　おじいさんの背中《せなか》に女《おんな》の子《こ》がしがみついているじゃない！」

ノンちゃんは完全《かんぜん》にパニックになっておびえています。

「ノンちゃん、ノンちゃん、大丈夫《だいじょうぶ》?」

泣《な》きそうな顔《かお》でノンちゃんは言《い》いました。

「おじいさんの背中《せなか》が曲《ま》がってるのは、女《おんな》の子《こ》を背負《せお》ってるからだよ！」

さらに、ノンちゃんはふるえながらこう言《い》いました。

「女《おんな》の子《こ》が、女《おんな》の子《こ》がこっちを見《み》てる！」

ひょっとしたら、おじいさんは女《おんな》の子《こ》の霊《れい》に取《と》りつかれていたのかもしれません。

いやいや、おじいさんのほうが、女《おんな》の子《こ》の霊《れい》を離《はな》したくないのかもしれません。

重《おも》い重《おも》い

千葉県《ちばけん》　匿名希望《とくめいきぼう》さんの体験《たいけん》

これは千葉県《ちばけん》にお住《す》まいのある年配《ねんぱい》の方《かた》から聞《き》いたとても悲《かな》しいお話《はなし》です。

昭和三十年代《しょうわさんじゅうねんだい》の終《お》わりごろ、戦争《せんそう》の傷跡《きずあと》も消《き》え、日本《にほん》には復興《ふっこう》のきざしが見《み》えてきました。全国《ぜんこく》のあちこちで住宅《じゅうたく》が建《た》ち、やっと一般《いっぱん》の人《ひと》びともマイホームを持《も》てるようになってきたのです。

千葉駅《ちばえき》付近《ふきん》の土地《とち》を購入《こうにゅう》したある男性《だんせい》が、ここにマイホームを建《た》てることにしました。

「よーし、ここにオレの城《しろ》を作《つく》るぞ、オレだけのすばらしい家《いえ》を作《つく》ろう」

その人《ひと》はそう言《い》って地元《じもと》の大工《だいく》さんにマイホームの建築《けんちく》をたのみました。ですが、工事《こうじ》がなかなか進《すす》みません。予定《よてい》より大《おお》はばに工事《こうじ》の進行《しんこう》がおくれているのです。

「ちょっと大工《だいく》さん、なんでうちの工事《こうじ》おくれてるんだよ?」

「いやぁ、うちもがんばってはいるんですよね」

大工《だいく》さんはとまどいの表情《ひょうじょう》を浮《う》かべました。

「それじゃ困《こま》るよ、ちゃんとやってくれなきゃ。約束《やくそく》なんだからさ」

「いやね、実《じつ》を言《い》うと、ある所《ところ》に品物《しなもの》を置《お》いておくと、動《うご》いたり…」

「動《うご》いたり？　あぁ、誰《だれ》かが動《うご》かしてるんじゃないの？」

大工《だいく》さんは困惑《こんわく》した顔《かお》でこう言《い》いました。

「いや、誰《だれ》も動《うご》かしていないって言《い》うし…。それにさぁ、土《つち》の中《なか》から声《こえ》が聞《き》こえるっていうんだよ」

この話《はなし》を聞《き》いた男《おとこ》は大笑《おおわら》いしました。

「ははは、何《なに》をばかなこと言《い》ってるんだ、いい大人《おとな》が。そんなことを信《しん》じているのかね？」

その言葉《ことば》を聞《き》いた大工《だいく》さんは少《すこ》し怒《おこ》ったような声《こえ》になり、

「じゃあね、あなた、今日《きょう》の夜《よる》、この敷地《しきち》のあの場所《ばしょ》に、なにか重《おも》いものを置《お》いてみな。そうするとわかるよ」

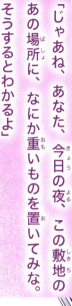

大工《だいく》さんにうながされ、その男《おとこ》は言《い》われた場所《ばしょ》に重《おも》い資材《しざい》を置《お》いてみました。

翌朝現場《よくあさげんば》に来《く》ると、その資材《しざい》が遠《とお》くはなれた場所《ばしょ》に移動《いどう》しているのです。

「ややっ、こっ、これはどういうことだ。おかしいぞ？　ははぁん、さては、誰《だれ》かがいたずらで資材《しざい》を動《うご》かしたな？」

男《おとこ》はそう思《おも》い、再《ふたた》び資材《しざい》を置《お》きました。

次《つぎ》の日《ひ》になると、またしても資材《しざい》はどこか遠《とお》い場所《ばしょ》へ運《はこ》ばれているのです。

（これは、どうもおかしい…）

そう思《おも》っていると、ふと、地中《ちちゅう》から聞《き》こえてくる奇妙《きみょう》な声《こえ》に気《き》が付《つ》きました。

「おや、何《なに》か聞《き》こえてくるな」

どうもはっきりと聞《き》こえません。男《おとこ》は地面《じめん》に耳《みみ》を当《あ》てました。

すると、こんな声《こえ》が聞《き》こえてきたのです。

「えっ!?、何《なん》だ今《いま》の声《こえ》…?」

男《おとこ》はふたたび耳《みみ》をすましました。

「重《おも》い、重《おも》い」

たしかに、地面《じめん》の中《なか》から重《おも》い重《おも》いと言《い》っています。しかも、子《こ》どもの声《こえ》です。

「いや、これはちょっとまずいな。一体《いったい》この場所《ばしょ》で何《なに》があったんだ?」

男《おとこ》はそう思《おも》いました。そして、地元《じもと》に長《なが》く住《す》んでいる友人《ゆうじん》の家《いえ》を訪《たず》ねました。

「おい、あそこに俺《おれ》が土地《とち》を買《か》ったのは知《し》ってるよな?」

「ああ、知《し》ってるとも」

「いや、実《じつ》はあの場所《ばしょ》で変《へん》な声《こえ》が地中《ちちゅう》から聞《き》こえてさ、工事《こうじ》がはかどらないんだ。一《いっ》体何《たいなに》があったんだ、あの場所《ばしょ》で。何《なに》があったか正直《しょうじき》に聞《き》かせてくれないか!?」

男《おとこ》の問《と》いかけに、友人《ゆうじん》はしぶしぶ、こんな話《はなし》をしてくれました。

「実《じつ》はな、あの場所《ばしょ》で学徒動員《がくとどういん》の中学生《ちゅうがくせい》が死《し》んでるんだ」

戦時中《せんじちゅう》、戦争《せんそう》を手伝《てつだ》うために中学生《ちゅうがくせい》や高校生《こうこうせい》が動員《どういん》され、中《なか》には空襲《くうしゅう》のぎせいになった生徒《せいと》もいたのです。

男《おとこ》が買《か》ったその土地《とち》は、学徒動員《がくとどういん》された中学生《ちゅうがくせい》が空襲《くうしゅう》にあい、頭《あたま》を吹《ふ》き飛《と》ばされて死《し》んだ場所《ばしょ》だったのです。

つまり、死《し》んだ中学生《ちゅうがくせい》の霊《れい》がそこにとどまり、そこに重《おも》い資材《しざい》を置《お》かれると、重《おも》い、重《おも》いといって苦《くる》しんでいたのです。

「なんだって！あの場所《ばしょ》は子《こ》どもが死《し》んだ場所《ばしょ》だったのか!?」

この話《はなし》を聞《き》いた男《おとこ》は、すぐさまお坊《ぼう》さんを呼《よ》んでご供養《くよう》を差《さ》しあげ、中学生《ちゅうがくせい》の成仏《じょうぶつ》を祈《いの》りました。すると、不思議《ふしぎ》なことは起《お》こらなくなり、無事工事《ぶじこうじ》も終《お》わったといいます。

戦争《せんそう》の傷跡《きずあと》は何十年《なんじゅうねん》も、この日本《にほん》という国《くに》に残《のこ》っているのです。

とべないハードル

千葉県《ちばけん》　Mさんの体験《たいけん》

この話《はなし》は、千葉県《ちばけん》のある街《まち》に住《す》む女性《じょせい》から聞《き》いた話《はなし》です。

その女性《じょせい》がまだ小学生《しょうがくせい》だったころ、ある子《こ》どもの名前《なまえ》のついた学級文庫《がっきゅうぶんこ》がありました。ケイ太文庫《たぶんこ》、そう、子《こ》どもの名前《なまえ》がついた学級文庫《がっきゅうぶんこ》がそのクラスにあったのです。

「この名前《なまえ》は誰《だれ》？　なんで人《ひと》の名前《なまえ》が付《つ》いているんだろう？」

同級生《どうきゅうせい》たちはそう疑問《ぎもん》に思《おも》いました。

すると先生《せんせい》は真面目《まじめ》な顔《かお》をしてこう答《こた》えたのです。

「もう何年《なんねん》も前《まえ》だが、君《きみ》らがいるこのクラスにある生徒《せいと》がいたんだ。その生徒《せいと》は亡《な》くなってしまってな、その生徒《せいと》をしのぶために遺族《いぞく》の方《かた》が学級文庫《がっきゅうぶんこ》を作《つく》ってね。このクラスに残《のこ》してくれたんだ。だから、その先輩《せんぱい》を思《おも》う気持《きも》ちでこの学級文庫《がっきゅうぶんこ》を使《つか》ってくれよな」

実《じつ》を言《い》うと、ずい分前《ぶんまえ》にそのクラスには、陸上競技《りくじょうきょうぎ》に強《つよ》いある生徒《せいと》がいました。

「ケイ太《た》くんはすごいなぁ」「陸上《りくじょう》で、県《けん》で優勝《ゆうしょう》するんじゃない？」「特《とく》に、障害物《しょうがいぶつ》が強《つよ》いよね、ハードルが強《つよ》いよね」「本当《ほんとう》だ、全国体会《ぜんこくたいかい》に出《で》られるかもしれないね」

子《こ》どもたちは口《くち》ぐちに彼《かれ》をたたえました。

彼《かれ》はたしかに優秀《ゆうしゅう》な選手《せんしゅ》でした。ですが、とんでもない不幸《ふこう》が彼《かれ》をおそったのです。

ある日《ひ》のこと、ハードル競技《きょうぎ》の練習《れんしゅう》をしていた彼《かれ》に信《しん》じられない出来事《できごと》が起《お》きました。本来《ほんらい》ハードルは進行方向《しんこうほうこう》にたおれるようにできています。ところが、その時《とき》たまたまハードルを置《お》いた人間《にんげん》が不《ふ》なれな人《ひと》だったため、ハードルを逆向《ぎゃくむ》きに置《お》いてしまったのです。ですから、ハードルを押《お》したおしてとび越《こ》えようとした彼《かれ》の足《あし》はハードルにけつまづき、思《おも》い切《き》り顔《かお》から地面《じめん》に

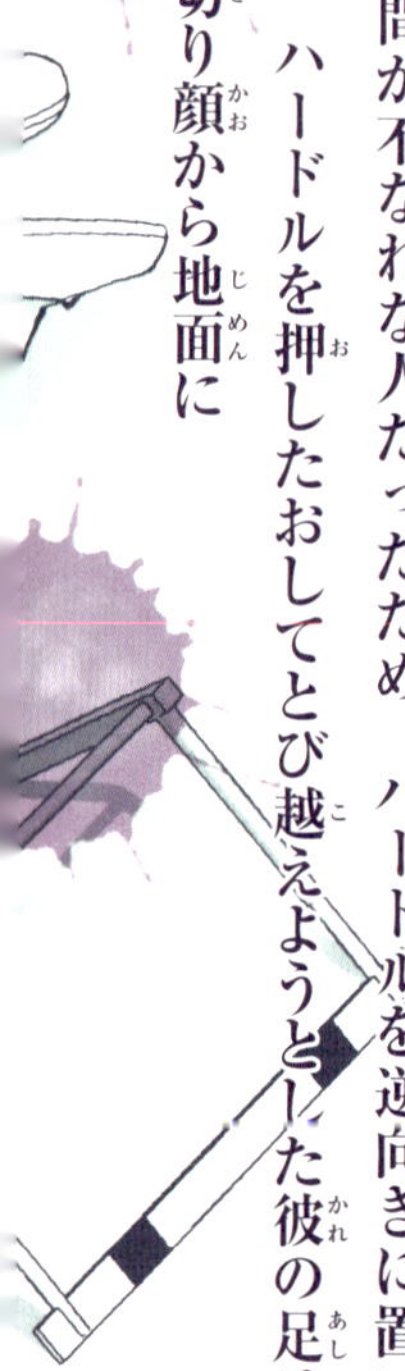

激突《げきとつ》してしまったのです。

「うわーあ!!」

校庭《こうてい》に悲鳴《ひめい》が響《ひび》き渡《わた》りました。

そして彼《かれ》はそのまま命《いのち》を落《お》としてしまったのです。

それ以来《いらい》、学校《がっこう》では不思議《ふしぎ》なことが起《お》こるようになりました。

毎晩毎晩《まいばんまいばん》、校庭《こうてい》の方《ほう》で光《ひか》る何《なに》かが動《うご》いています。

「あれはなんだ?、やばいぞ!」

「あれは一体何《いったいなん》だ?」

人《ひと》びとは口《くち》ぐちにうわさしました。ですが、怖《こわ》くて誰《だれ》もたしかめることができません。

あるとき、若《わか》い先生《せんせい》がおそくまで学校《がっこう》に残《のこ》っていて、帰《かえ》り間際《まぎわ》に校庭《こうてい》で光《ひか》る物体《ぶったい》を見《み》ました。

「なんだろう?」

そ～っと校庭《こうてい》に近《ちか》づいた先生《せんせい》は、信《しん》じられないものを目撃《もくげき》しました。

あの亡《な》くなった生徒《せいと》が全身《ぜんしん》を光《ひか》らせながら、ひたすらハードルをとぼうとしているのです。ですが、とぶことは出来《でき》ません。生徒《せいと》がとび越《こ》えようとすると、ハードルごと消《き》えてしまいます。

あの事故《じこ》の日《ひ》を、彼《かれ》は何度《なんど》も何度《なんど》もくり返《かえ》しているのです。

恐怖《きょうふ》のあまり逃《に》げ帰《かえ》った先生《せんせい》でしたが、亡《な》くなった生徒《せいと》のことを考《かんが》えるとなんとも言《い》えない気持《きも》ちになりました。

あの生徒《せいと》は、今《いま》もとべないハードルをとび続《つづ》けているのでしょうか。

首無《くびな》し馬《うま》が走《はし》る

千葉県《ちばけん》　匿名希望《とくめいきぼう》さんの体験《たいけん》

これは千葉県船橋市《ちばけんふなばしし》で聞《き》いた話《はなし》です。ある年配《ねんぱい》の方《かた》から聞《き》きました。

今現在《いまげんざい》、ある学校《がっこう》になっている施設《しせつ》は、戦争中《せんそうちゅう》は軍馬《ぐんば》の訓練《くんれん》を行《おこな》う陸軍関係《りくぐんかんけい》の施設《しせつ》でした。軍馬《ぐんば》というのは戦争《せんそう》に使《つか》う馬《うま》で、戦争《せんそう》で兵隊《へいたい》さんを乗《の》せて戦場《せんじょう》でかけまわったりする、特殊《とくしゅ》な任務《にんむ》を行《おこな》う馬《うま》でした。

その訓練《くんれん》がその学校《がっこう》のグラウンドでかつては行《おこな》われていたのです。

そのせいでしょうか、その学校《がっこう》で夜《よる》おそくまで残《のこ》っていると、不審《ふしん》な音《おと》が聞《き》こえたといいます。

かつん、かつん

「あれ？　何《なん》の足音《あしおと》？」

「人間《にんげん》の足音《あしおと》じゃない、まるで馬《うま》の足音《あしおと》みたいだ」

てい鉄《てつ》をはいた馬《うま》の足音《あしおと》が聞《き》こえます。

その音《おと》は校内《こうない》をくまなく走《はし》り回《まわ》り、そして明《あ》け方《がた》になると、すーっと闇《やみ》の中《なか》に消《き》えていくと言《い》われていました。

あるとき、廊下《ろうか》を走《はし》る馬《うま》の姿《すがた》が目撃《もくげき》されたと言《い》います。

「いまのは馬《うま》？」

たてがみをなびかせた、白《しろ》い馬《うま》が目《め》の前《まえ》を通《とお》り過《す》ぎていきます。

「たしかに馬《うま》だ、なんで馬《うま》が廊下《ろうか》を走《はし》っているんだ？」

よく見《み》ると、首《くび》がもげています。首無《くびな》し馬《うま》が夜中《よなか》の廊下《ろうか》を走《はし》りぬけていくのです…。

こんな話《はなし》もあります。この学校《がっこう》の近《ちか》くに、もともと急《きゅう》な傾斜《けいしゃ》のついた坂道《さかみち》がありま

した。この坂道《さかみち》はもともと深《ふか》い谷《たに》で、その底《そこ》には一本《いっぽん》の古木《こぼく》が生《は》えていました。軍事施設《ぐんじしせつ》を脱走《だっそう》した若《わか》い兵《へい》が、なぜかあの谷底《たにぞこ》の木《き》のところまで逃《に》げてきたと言《い》われています。軍隊《ぐんたい》から脱走《だっそう》をはかったのです。

多《おお》くの兵隊《へいたい》がかり出《だ》され、逃走兵《とうそうへい》を探《さが》しました。

『おい!、どこだ!? どこに行《い》ったんだ!? 早く出《で》てこい! 早《はや》く出《で》てこんと処罰《しょばつ》するぞ!!』

その声《こえ》を聞《き》きながら、若《わか》い兵隊《へいたい》は必死《ひっし》に逃《に》げまわり、やがて谷底《たにぞこ》の古木《こぼく》にたどり着《つ》きます。そしてその古木《こぼく》で、全《すべ》てに絶望《ぜつぼう》した若《わか》い兵隊《へいたい》は首《くび》をくくって自《みずか》ら命《いのち》を絶《た》ったと言《い》われています。

当時《とうじ》の兵隊《へいたい》は、貧《まず》しい家《いえ》の次男坊三男坊《じなんぼうさんなんぼう》が兵隊《へいたい》に出《だ》されたので、実家《じっか》に帰《かえ》るわけにもいかず、かといってきびしい軍隊《ぐんたい》にもどるわけにもいかず、そこで命《いのち》を絶《た》つしかなかったのだそうです。

それ以来《いらい》、その谷《たに》は「ぼうこんざく（亡魂削《ぼうこんざく》）」と言《い》われるようになりました。

戦争《せんそう》が終《お》わった後《あと》に、たびたびその谷底《たにぞこ》から人《ひと》の声《こえ》が聞《き》こえ、怪《あや》しい光《ひかり》が見《み》えたと

言《い》われています。

真夜中《まよなか》に、ぼうこんざくの近《ちか》くを通《とお》ると、ぼーっと谷底《たにぞこ》が光《ひか》り、そして苦《くる》しむような、

う〜っ

お〜い、お〜い

そんな声《こえ》が聞《き》こえたといいます。

中《なか》には、谷底《たにぞこ》からじわじわとはい上《あ》がってくる霊《れい》の姿《すがた》を見《み》たという人《ひと》もいました。

無数《むすう》の霊《れい》が谷底《たにぞこ》からはい上《あ》がってくるぼうこんざく。

船橋《ふなばし》に残《のこ》る、戦争《せんそう》にまつわる不思議《ふしぎ》な話《はなし》でした。

現代《げんだい》妖怪《ようかい》大百科《だいひゃっか》

学校《がっこう》のトイレ、通学路《つうがくろ》など、今現在《いまげんざい》、存在《そんざい》するとされる妖怪《ようかい》たちを紹介《しょうかい》しよう。あなたもどこかで、妖怪《ようかい》たちに出《で》くわすかもしれない…。

花子《はなこ》さん

トイレに出る妖怪

おかっぱ頭《あたま》に白《しろ》いブラウス、赤《あか》いスカートという昔《むかし》ながらの小学生《しょうがくせい》の姿《すがた》。彼女《かのじょ》がいるのは女子《じょし》トイレの前《まえ》から３番目《ばんめ》の個室《こしつ》で、ドアを三回《さんかい》ノックして「花子《はなこ》さん、遊《あそ》びましょ」と声《こえ》をかけると「はーい」と声《こえ》が返《かえ》ってくる。花子《はなこ》さんの伝説《でんせつ》にはいくつかの説《せつ》があるが、生前《せいぜん》は体《からだ》が弱《よわ》かったものの、学校《がっこう》が好《す》きな子《こ》だったとされる。しかし学校《がっこう》で亡《な》くなり、楽《たの》しい思《おも》い出《で》のあるこの場所《ばしょ》から、今《いま》も離《はな》れずにいるのだという。男子《だんし》トイレには、花子《はなこ》さんの兄弟《きょうだい》といわれる、太郎《たろう》くんや次郎《じろう》くんが出《で》るとされている。

危険度 1

ムラサキ婆《ばばあ》

トイレに出る妖怪

紫色《むらさきいろ》の着物《きもの》、紫色《むらさきいろ》の口紅《くちべに》をつけ、全身紫色《ぜんしんむらさきいろ》の姿《すがた》をしている。腰《こし》まである長《なが》い髪《かみ》の毛《け》が特《とく》ちょうで、長《なが》い爪《つめ》でひっかいてきたり、異次元《いじげん》空間《くうかん》や死後《しご》の世界《せかい》にひきずりこもうとする。ムラサキ婆《ばばあ》の被害《ひがい》から逃《のが》れるためには、何《なに》か紫《むらさき》のものを持《も》ってトイレに入《はい》るか、出会《であ》ったときに落《お》ち着《つ》いて「紫《むらさき》、紫《むらさき》、紫《むらさき》」と三回唱《さんかいとな》えると良《よ》いとされる。古《こ》代中国《だいちゅうごく》では、トイレには紫姑神《しこしん》という女神《めがみ》がいるとされ、この伝説《でんせつ》が変形《へんけい》したものと考《かんが》えられる。

赤《あか》いマント

トイレに出る妖怪

放課後《ほうかご》や夜《よる》おそくに、学校《がっこう》のトイレに現《あらわ》れる妖怪《ようかい》。トイレの個室《こしつ》に入《はい》ると、「赤《あか》いマントがほしいか、青《あお》いマントがほしいか」という声《こえ》が聞《き》こえてくる。「赤《あか》いマントがほしい」というと、ナイフを持《も》った手《て》が出《で》てきて、刺《さ》されて血《ち》まみれの状態《じょうたい》で死《し》ぬ。「青《あお》いマント」と答《こた》えると、全身《ぜんしん》の血《ち》をぬかれて青《あお》ざめた状態《じょうたい》で死《し》ぬ。戦前《せんぜん》からある、「裏地《うらじ》が赤《あか》いマントを着《き》た人《ひと》が子《こ》どもを連《つ》れ去《さ》る」といううわさから生《う》まれた妖怪《ようかい》と考《かんが》えられている。

化《ば》け猫《ねこ》姉《ねえ》さん

通学路に
出る妖怪

関東某市《かんとうぼうし》の駅前《えきまえ》に現《あら》れた謎《なぞ》の怪人物《かいじんぶつ》。見《み》た目《め》は若《わか》い女性《じょせい》だが、仕草《しぐさ》や動《うご》きはネコのようであり、夕方《ゆうがた》の下校時刻《げこうじこく》ごろに現《あら》れる。特《とく》に標的《ひょうてき》となるのが、買《か》い食《ぐ》いをする子《こ》どもたちだ。コンビニや駄菓子屋《だがしや》で買《か》って食《た》べていた肉《にく》まんや菓子《かし》パンを、無理《むり》やり横《よこ》からうばい取《と》って食《た》べてしまうという。自分《じぶん》のおやつを与《あた》えて、そのすきに逃《に》げることに成功《せいこう》したというケースも。いずれにしても、なけなしの小《こ》づかいで買《か》ったものを取《と》られてしまうわけだから、中《ちゅう》高生《こうせい》の恐怖《きょうふ》は相当《そうとう》なものだったと思《おも》われる。

テケテケ

通学路に
出る妖怪

学校《がっこう》や通学路《つうがくろ》に出《で》る妖怪《ようかい》。上半身《じょうはんしん》だけしかなく、両腕《りょううで》ではって追《お》いかけてくるとも、腕《うで》を組《く》んだ状態《じょうたい》で追《お》いかけてくるともいわれている。ある子《こ》どもが放課後《ほうかご》になって帰《かえ》ろうとすると、向《む》かい側《がわ》の校舎《こうしゃ》の窓《まど》に腕《うで》を組《く》んでもたれる少女《しょうじょ》の姿《すがた》を見《み》かけた。玄関《げんかん》まで行《い》くと、近《ちか》くの階段《かいだん》からテケテケという音《おと》がし、ふり返《かえ》ると先《さき》ほどの少女《しょうじょ》が上半身《じょうはんしん》だけで、追《お》いかけてくる。少女《しょうじょ》のひじが廊下《ろうか》にぶつかるたびに、テケテケと音《おと》がしたという。

ひきずり女《おんな》

『ひきこさん』の別名《べつめい》でも知《し》られる妖怪《ようかい》。地味《じみ》で真面目《まじめ》だった少女《しょうじょ》が、いじめっ子《こ》に道路《どうろ》につき飛《と》ばされ、大型《おおがた》トラックに体《からだ》が巻《ま》き込《こ》まれ、引《ひ》きずり回《まわ》され死《し》んでしまった。以来《いらい》、全身傷《ぜんしんきず》だらけの彼女《かのじょ》の霊《れい》が現《あらわ》れ、いじめっ子《こ》たちは、１人《ひとり》また１人《ひとり》と死《し》んでいった。うらみはおさまらないのか、学校帰《がっこうがえ》りの子《こ》どもの前《まえ》に現《あらわ》れ、「お前《まえ》も引《ひ》きずってやろうか？」と呼《よ》びかける。問《と》いに答《こた》えると、一週間以内《いっしゅうかんいない》に車《くるま》に巻《ま》き込《こ》まれ死《し》んでしまう。

ジャンピング婆《ばばあ》

通学路に出る妖怪

体育館《たいいくかん》に出《で》るという老婆《ろうば》の姿《すがた》をした妖怪《ようかい》。小《こ》がらな老婆《ろうば》の姿《すがた》をしているが、着物《きもの》にバスケットシューズというシュールな服装《ふくそう》をしており、夜中《よなか》の体育館《たいいくかん》でバスケットボールをしているという。なお、シュートは百発百中《ひゃっぱつひゃくちゅう》だそうだ。類似《るいじ》の妖怪《ようかい》に、四《よ》つんばいの姿《すがた》で車《くるま》を追《お》いかける100キロ婆《ばばあ》や、ジャンプで追《お》いかけるジャンプ婆《ばばあ》、猛《もう》スピードで走《はし》りさり、背中《せなか》に「ターボ」と書《か》かれたターボ婆《ばばあ》などがいる。

千葉《ちば》の幽霊漁船《ゆうれいぎょせん》

千葉沖《ちばおき》に現《あらわ》れるという妖怪《ようかい》。見《み》た目《め》は普通《ふつう》の漁船《ぎょせん》だが、船《ふね》の上《うえ》には人影《ひとかげ》がない。そんな謎《なぞ》の漁船《ぎょせん》が近《ちか》づき、つきまとってくる。この近《きん》辺《ぺん》の海域《かいいき》で転《てん》ぷく事故《じこ》にあった漁《ぎょ》船《せん》の幽霊《ゆうれい》とされるが、一説《いっせつ》には違《い》法操業《ほうそうぎょう》の密漁船《みつりょうせん》を見《み》まちがえたとも。他《ほか》にも、海中《かいちゅう》から巨大《きょだい》な手《て》が出《で》ておそいかかる「もうれいやっさん」や、出《で》くわすと命《いのち》をとられる「遠ヶ澪《おちがみお》の大鮫《おおざめ》」などの伝説《でんせつ》も。幽霊漁船《ゆうれいぎょせん》もこれらの伝説《でんせつ》が姿《すがた》を変《か》えたものかもしれない。

倉庫《そうこ》の生首《なまくび》

乗り物に
まつわる
妖怪

千葉県某所《ちばけんぼうしょ》の倉庫《そうこ》には、生首《なまくび》が出《しゅつ》現《げん》するという。この倉庫《そうこ》があった場所《ばしょ》にはもともと稲荷神社《いなりじんじゃ》があったが、じゃまになるので建築《けんちく》の際《さい》に重機《じゅうき》で移動《いどう》した。すると、移動《いどう》作業《さぎょう》に関《かか》わった社員《しゃいん》が急死《きゅうし》。その後《ご》、倉庫《そうこ》の建築《けんちく》の作業員《さぎょういん》が落下事《らっかじ》故《こ》にあい死亡《しぼう》。作業員《さぎょういん》の首《くび》はもげかかっていたといわれる。倉庫完《そうこかん》成後《せいご》、フォークリフトなどで荷物《にもつ》を運《はこ》ぶと、その上《うえ》に首《くび》がのっていることがあり、作業員《さぎょういん》の霊《れい》ではとささやかれている。

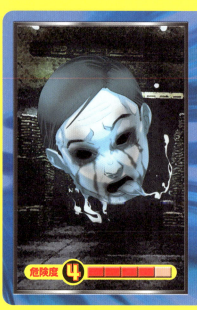

英彦山《ひこさん》の首《くび》なし暴走族《ぼうそうぞく》

乗り物にまつわる妖怪

日本各地《にほんかくち》には首《くび》なしライダーの都市伝《としでん》説《せつ》が存在《そんざい》する。福岡県英彦山《ふくおかけんひこさん》の山道《やまみち》を暴走《ぼうそう》するという暴走族《ぼうそうぞく》の幽霊《ゆうれい》は、恐《おそ》ろしいことに全員《ぜんいん》の首《くび》がないという。夜《よ》道《みち》で遭遇《そうぐう》したくない暴走族《ぼうそうぞく》が、さらに首《くび》なしの幽霊《ゆうれい》になって出現《しゅつげん》するというのだから、恐怖《きょうふ》は倍増《ばいぞう》である。現地《げんち》のうわさによれば、国道《こくどう》13号線《ごうせん》のカーブに現《あらわ》れるという。暴走族同士《ぼうそうぞくどうし》の抗争《こうそう》で命《いのち》を落《お》とした暴走族《ぼうそうぞく》の霊《れい》とも、集団《しゅうだん》で事故《じこ》にあった暴走族《ぼうそうぞく》が、死《し》んだ事《こと》に気《き》づかず走《はし》り続《つづ》けているともいわれる。

でかチャリ

乗り物にまつわる妖怪

1980年代《ねんだい》に千葉県船橋市周辺《ちばけんふなばししゅうへん》に現《あらわ》れた妖怪《ようかい》。巨大《きょだい》なチャリンコ（自転車《じてんしゃ》）に乗《の》って小学生《しょうがくせい》を追《お》いかけ回《まわ》す謎《なぞ》の怪人《かいじん》で、ネットの証言《しょうげん》から広《ひろ》まった。この怪人《かいじん》は実在《じつざい》した人物《じんぶつ》がモデルとの説《せつ》がある。当時《とうじ》、大型《おおがた》の自転車《じてんしゃ》をデコトラのように電飾《でんしょく》などで装飾《そうしょく》し、バイクのエンジンをとうさいし猛《もう》スピードで走《はし》る「デコチャリ」に乗《の》る人物《じんぶつ》が存在《そんざい》した。それが人《ひと》づてに伝《つた》わる中《なか》で名前《なまえ》が変《か》わり、「でかチャリ」伝説《でんせつ》が生《う》まれたと考《かんが》えられる。

渦潮幽霊《うずしおゆうれい》

乗り物にまつわる妖怪

四国《しこく》の徳島県《とくしまけん》に伝《つた》わる妖怪《ようかい》。渦潮《うずしお》で有名《ゆうめい》な鳴門海峡《なるとかいきょう》に出現《しゅつげん》し、夜《よる》になると渦潮《うずしお》の中《なか》で浮《う》き沈《しず》みする女性《じょせい》の姿《すがた》が現《あらわ》れる。船《ふね》から落《お》ちたのかと思《おも》って近《ちか》づこうとすると、女性《じょせい》の姿《すがた》は消《き》える。「かつてこの近辺《きんぺん》で水死《すいし》した女性《じょせい》の霊《れい》では？」といわれている。徳島《とくしま》から大阪間《おおさかかん》の最終《さいしゅう》フェリーに乗《の》る姿《すがた》が目撃《もくげき》されることもあるそうだ。この近《ちか》くの小島《こじま》には妖怪牛鬼《ようかいぎゅうき》が出《で》た伝説《でんせつ》があるため、女性《じょせい》に化《ば》け、人《ひと》をおびきよせる牛鬼説《ぎゅうきせつ》もすてきれない。

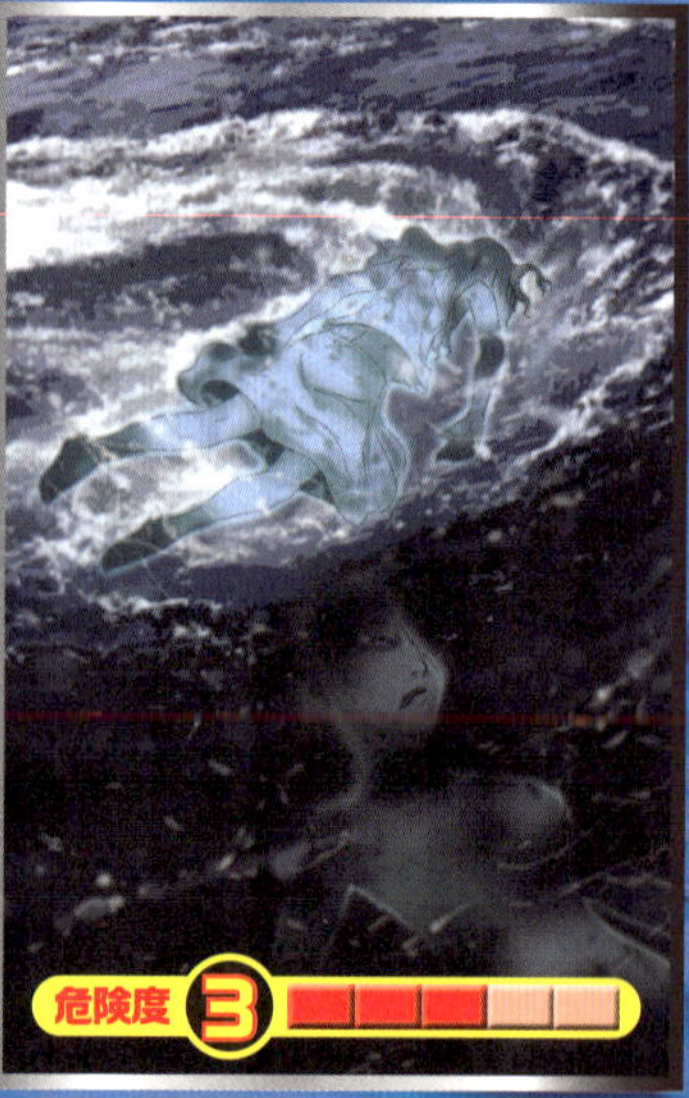

カシマレイコ

謎めく妖怪

『カシマレイコ』の名前《なまえ》を聞《き》くと、３日《みっか》以内《いない》に夢《ゆめ》の中《なか》に現《あらわ》れる、という女性《じょせい》の妖怪《ようかい》。夢《ゆめ》の中《なか》でカシマさんは「足《あし》がいるか？」と問《と》いかけてくるが、このときに「いらない」と答《こた》えてしまうと、カマで足《あし》を切《き》り取《と》られる。「いる」と答《こた》えると足《あし》を切《き》り取《と》られずにすむ。また、夢《ゆめ》でカシマさんだと気《き》づいたら、「カは仮面《かめん》のカ、シは死人《しびと》のシ、マは悪魔《あくま》のマ、カシマです」と唱《とな》えると助《たす》かるといわれている。カシマさんの話《はなし》を聞《き》いたなら、５日以内《いつかいない》に５人《にん》に話《はな》せば夢《ゆめ》を見《み》ずにすむ。

ケケケお化《ば》け

夜中《よなか》にどこからともなく現《あらわ》れる、少女《しょうじょ》の姿《すがた》の妖怪《ようかい》。夜中《よなか》に天井《てんじょう》を見《み》ていると現《あらわ》れ、「ケケケ、髪《かみ》の毛《け》一《いっ》本《ぽん》おくれ」と声《こえ》をかけてくる。一《いっ》本《ぽん》だけなら害《がい》はないだろう、と返《へん》事《じ》をしてしまうと頭《あたま》がハゲてしまうという。これによく似《に》たトイレに現《あらわ》れる妖怪《ようかい》『ケケケばあさん』は、けたたましい笑《わら》い声《ごえ》をあげながら天井《てんじょう》からおり、髪《かみ》の毛《け》をむしっていく。子《こ》どもの頭《あたま》にいきなり 10円《えん》ハゲなどが出来《でき》るのは、この妖《よう》怪《かい》のせいかもしれない。

トランペット小僧《こぞう》

愛知県犬山市《あいちけんいぬやまし》にある大《おお》きな人工湖《じんこうこ》、入鹿池《いるかいけ》に現《あらわ》れる妖怪《ようかい》。夜《よる》になると、池《いけ》の中央《ちゅうおう》に立《た》ち、トランペットを吹《ふ》く少年《しょうねん》が現《あらわ》れるといわれている。そのほかにも、入鹿池《いるかいけ》にはさまざまな妖怪《ようかい》が現《あらわ》れるといわれている。水中《すいちゅう》から飛《と》び出《だ》してきて、目撃者《もくげきしゃ》の前《まえ》でU《ユー》ターンして再《ふたた》び池《いけ》の方《ほう》に帰《かえ》っていくU《ユー》ターンじじい。さらに入鹿池周辺《いるかいけしゅうへん》には、幽霊《ゆうれい》が出《で》るというホテルや病院《びょういん》などが複数存在《ふくすうそんざい》し、有名《ゆうめい》な心霊《しんれい》スポットにもなっている。

サイバーゴースト

この妖怪《ようかい》は現実世界《げんじつせかい》に姿《すがた》を持《も》たず、ネットの中《なか》にしか住《す》んでいない。ネット上《じょう》に行《い》きかう人《ひと》びとの念《ねん》からぐうぜん生《う》まれた、自意識《じいしき》を持《も》ち暴走《ぼうそう》した自律《じりつ》プログラム生物《せいぶつ》だ。出所不明《でどころふめい》のウイルスなどは、このサイバーゴーストのしわざで、原因不明《げんいんふめい》のエラーやサーバーダウンを引《ひ》き起《お》こす。ネットを通《とお》して人《ひと》の精神《せいしん》に影響《えいきょう》をおよぼすこともでき、日《ひ》ごろ温厚《おんこう》な人《ひと》がネット内《ない》で乱暴《らんぼう》な書《か》き込《こ》みをするのも、この妖怪《ようかい》のせいと考《かんが》えられている。

赤《あか》い女《おんな》

ネットの
妖怪

ネットを見《み》ていると、ある怪談《かいだん》のページがヒット。赤《あか》い画面《がめん》に「あなたは好《す》きですか?」と書《か》かれたバナー広告《こうこく》が立《た》ち上《あ》がる。閉《と》じようとしても消《き》えない。クリックするたびに「あなたは」と「好《す》きですか?」の間《あいだ》にすき間《ま》が広《ひろ》がり、やがて「あなたは赤《あか》い部屋《へや》が好《す》きですか?」という文章《ぶんしょう》に。「赤《あか》い部屋《へや》」は、殺《さつ》人事件《じんじけん》で血《ち》に染《そ》まった部屋《へや》のこと。殺害《さつがい》された女性《じょせい》のうらみの念《ねん》が生《う》んだサイトで、見《み》つけると女性《じょせい》の幽霊《ゆうれい》に殺《ころ》されるという。

携帯婆《けいたいばばあ》

小さな妖怪

多《おお》くの人《ひと》が二《ふた》つおりの携帯電話《けいたいでんわ》を使《つか》っていた時代《じだい》に、女子高生《じょしこうせい》の間《あいだ》でうわさされていた妖怪《ようかい》。電車《でんしゃ》の中《なか》で女子高生《じょしこうせい》が周囲《しゅうい》の迷惑《めいわく》もかえりみず大声《おおごえ》で電話《でんわ》していると、「電話《でんわ》をやめろ」と注意《ちゅうい》する老婆《ろうば》の声《こえ》。周囲《しゅうい》を確認《かくにん》しても姿《すがた》がなく通話《つうわ》を続《つづ》けると、「やめろと言《い》っているだろう」と大《おお》きな声《こえ》がして、女子高生《じょしこうせい》が耳《みみ》から携帯《けいたい》をはなすと、携帯《けいたい》が 15 センチほどの老婆《ろうば》の姿《すがた》に。携帯婆《けいたいばばあ》は、女子高生《じょしこうせい》の手《て》にかみつき逃《に》げていったという。

小《ち》さいおじさん

昔《むかし》から妖怪《ようかい》の一員《いちいん》とされてきた小人《こびと》は、手《て》のひらサイズから数十《すうじゅっ》センチ程度《ていど》までの大《おお》きさで、今《いま》も目撃証言《もくげきしょうげん》がある。有名人《ゆうめいじん》の間《あいだ》での目撃《もくげき》が多《おお》い「小《ち》さいおじさん」も、小人《こびと》の一種《いっしゅ》。10 センチ程度《ていど》の大《おお》きさで、見《み》た目《め》は頭《あたま》がはげて小太《こぶと》りの典型的《てんけいてき》な中年男性《ちゅうねんだんせい》のことが多《おお》い。格好《かっこう》もジャージのようなものを着《き》るなど、おじさん趣味《しゅみ》の服《ふく》が一般的《いっぱんてき》だ。見《み》られていることに気《き》づかずいつの間《ま》にか消《き》たり、悪口《わるぐち》を言《い》って消《き》えるパターンもある。

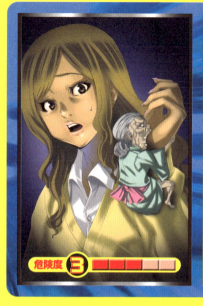

三本足《さんぼんあし》のリカちゃん

人形の妖怪

夕方《ゆうがた》か夜《よる》に学校《がっこう》のトイレで「三本足《さんぼんあし》のリカちゃん、遊《あそ》びましょ」というと、「はーい」という返事《へんじ》とともに個室《こしつ》の中《なか》から現《あらわ》れる。市販《しはん》される人形《にんぎょう》と同《おな》じ姿《すがた》だが、足《あし》が三本《さんぼん》あるのが特《とく》ちょうで、左右《さゆう》の二本《にほん》の足《あし》はプラスチック製《せい》だが、真《ま》ん中《なか》にある三本目《さんぼんめ》の足《あし》はどう見《み》ても生身《なまみ》の人間《にんげん》の足《あし》にしか見《み》えない。「おままごとにする？　かくれんぼにする？」と聞《き》き、「おままごと」と答《こた》えると包丁《ほうちょう》で刺《さ》されて殺《ころ》され、「かくれんぼ」と答《こた》えるとどこかにつれさられてしまう。

帰《かえ》ってくる人形《にんぎょう》

人形の妖怪

ある女《おんな》の子《こ》が引《ひ》っ越《こ》すこととなり、小《ちい》さいころから遊《あそ》んでいた人形《にんぎょう》をすててしまった。新《あたら》しい家《いえ》に着《つ》いた数日後《すうじつご》、一人《ひとり》で留守番《るすばん》していると電話《でんわ》が鳴《な》った。「もしもし、私《わたし》よ。どうして置《お》いていったの？　これからむかえに行《い》くわ」と少女《しょうじょ》の声《こえ》。しばらくすると再《ふたた》び電話《でんわ》。「もしもし、私《わたし》よ。今《いま》あなたの町《まち》の○○駅《えき》よ」。さらに電話《でんわ》が鳴《な》り、「角《かど》をまがって、あなたの家《いえ》が見《み》える。今《いま》、あなたの家《いえ》の前《まえ》にいるの」。あわてて玄関《げんかん》から外《そと》を見《み》るが、誰《だれ》もいない。いたずらかと思《おも》ったそのとき、再《ふたた》び電話《でんわ》。「もしもし、私《わたし》よ。今《いま》、あなたのうしろにいるの」。

黒《くろ》さま

伝説の妖怪

人《ひと》の家《いえ》にすむ妖怪《ようかい》といえば『座敷《ざしき》わらし』が有名《ゆうめい》。これらの妖怪《ようかい》は、福《ふく》をもたらすが、出《で》て行《い》くと貧乏《びんぼう》になるともいわれる。『黒《くろ》さま』もその一《ひと》つで、ていねいにまつれば福《ふく》をもたらす。しかし、出《で》て行《い》ったときの不幸《ふこう》は『座敷《ざしき》わらし』とは比《くら》べものにならない。ある人《ひと》が知人《ちじん》の家《いえ》で、『黒《くろ》さま』をまつる祭《さい》だんから、黒《くろ》い剛毛《ごうもう》におおわれたかぎ爪《づめ》の手《て》が出《で》て行《い》くのを目撃《もくげき》した。資産家《しさんか》だったその家族《かぞく》は、急速《きゅうそく》に没落《ぼつらく》し、一家離散《いっかりさん》したという。

関門海峡《かんもんかいきょう》の河童《かっぱ》

瀬戸内海《せとないかい》を結《むす》ぶ関門海峡《かんもんかいきょう》にかかる橋《はし》には、夜《よる》になると河童《かっぱ》が出現《しゅつげん》する。この橋《はし》を修学旅行《しゅうがくりょこう》のバスが通《とお》るたびに、河童《かっぱ》がバスの後《あと》をつけて走《はし》ってくる。これは修学旅行《しゅうがくりょこう》に行《い》きたかったものの、その直前《ちょくぜん》に不幸《ふこう》にも死《し》んでしまった小学生《しょうがくせい》の霊《れい》といわれている。別《べつ》の説《せつ》では、この河童《かっぱ》たちは壇ノ浦《だんのうら》の合戦《かっせん》で命《いのち》を落《お》とした平家方《へいけがた》の武士《ぶし》たちの霊《れい》であるともいわれる。マゲがほどけた落《お》ち武者《むしゃ》の髪型《かみがた》が、暗《くら》い夜《よる》には河童《かっぱ》の頭《あたま》に見《み》えたというわけだ。

指無《ゆびな》し幽霊《ゆうれい》

伝説の妖怪

香川県《かがわけん》に出現《しゅつげん》した老婆《ろうば》の幽霊《ゆうれい》。貧《まず》しいながらも村人《むらびと》に愛《あい》されていた老婆《ろうば》は、住《す》む家《いえ》がなく寺《てら》のお堂《どう》で寝泊《ねと》まりしていた。やがてその日《ひ》食《た》べるものにも不自由《ふじゆう》するようになり、あまりの飢餓感《きがかん》から自分《じぶん》の指《ゆび》を食《く》いちぎってしまった。人《ひと》びとが骨《ほね》と皮《かわ》だけの老婆《ろうば》の死体《したい》を見《み》つけたとき、すべての指《ゆび》がなくなっていた。以来《いらい》、この寺《てら》には夜《よる》になるたびに「飯《めし》を食《く》わせてくれ」とこん願《がん》する老婆《ろうば》の霊《れい》が現《あらわ》れる。差《さ》し出《だ》す手《て》には指《ゆび》がないそうだ。

死人村伝説《しびとむらでんせつ》

伝説の妖怪

地図《ちず》にはない、普通《ふつう》の道《みち》も通《つう》じていない謎《なぞ》の村《むら》。山奥《やまおく》の細《ほそ》い道《みち》をたどっていくと、こわれかかった家《いえ》がならぶ村《むら》が現《あらわ》れる。実《じつ》はこの村《むら》の人《ひと》びとは死人《しびと》であり、昼間《ひるま》は誰《だれ》もいないが、夜《よる》になると墓場《はかば》からよみがえるという。彼《かれ》らは生者《せいじゃ》にうらみをいだき、うっかり村《むら》に入《はい》りこんだ人《ひと》びとに敵意《てきい》をもっておそいかかる。他《ほか》にも、殺人事件《さつじんじけん》で殺《ころ》された人《ひと》びとの怨念《おんねん》が残《のこ》る杉沢《すぎさわ》村《むら》や、殺人鬼《さつじんき》が現《あらわ》れるジェイソン村《むら》などが存在《そんざい》するといわれる。

第《だい》4の本棚《ほんだな》

呪《じゅ》

落《お》ち武《む》者《しゃ》がやってくる

徳島県《とくしまけん》　山口敏太郎《やまぐちびんたろう》の体験《たいけん》

これは、僕《ぼく》が小学校《しょうがっこう》のときの体験《たいけん》です。

僕《ぼく》は徳島県徳島市《とくしまけんとくしまし》の小学校《しょうがっこう》に通《かよ》っていました。この学校《がっこう》は歴史《れきし》が古《ふる》く、僕《ぼく》が通《かよ》っている当時《とうじ》で、すでに百周年《ひゃくしゅうねん》を超《こ》えるほどの古《ふる》い名門学校《めいもんがっこう》でした。

その学校《がっこう》にはいくつか不思議《ふしぎ》な話《はなし》があったのですが、そのひとつに『落《お》ち武《む》者《しゃ》の幽《ゆう》霊《れい》が出《で》る』という話《はなし》がありました。

それは、毎晩毎晩《まいばんまいばん》、裏門《うらもん》の方《ほう》から落《お》ち武者《むしゃ》の幽霊《ゆうれい》が、

ガシーン、ガシーン

と不気味《ぶきみ》な音《おと》を立《た》ててやってくるという怪談《かいだん》でした。しかし不思議《ふしぎ》なことに、この落《お》ち武者《むしゃ》の幽霊《ゆうれい》は鎧《よろい》を着《き》ていますが、なぜか刀《かたな》を持《も》っていないそうなのです。

ガシーン、ガシーン

その落《お》ち武《む》者《しゃ》の幽霊《ゆうれい》は子《こ》どもたちを見《み》つけると後《あと》を追《お》うように、まるで何《なに》かをうったえかけるかのように追《お》いすがると言《い》われていました。

「あの落《お》ち武《む》者《しゃ》幽霊《ゆうれい》が出《で》るから早《はや》く帰《かえ》ろうよ」

「あの落《お》ち武《む》者《しゃ》につかまったら大変《たいへん》だ」

学校《がっこう》の校庭《こうてい》で遊《あそ》ぶ同級生《どうきゅうせい》たちも夜《よる》の6時《じ》に近《ちか》づくと、逃《に》げるように自《じ》宅《たく》に帰《かえ》っていました。

(なぜ、落《お》ち武《む》者《しゃ》の幽霊《ゆうれい》がこの小学校《しょうがっこう》に出《で》てくるのだろうか?)

(なぜ、この幽霊《ゆうれい》は落《お》ち武《む》者《しゃ》なのに刀《かたな》を持《も》っていないのか?)

僕《ぼく》は子《こ》ども心《ごころ》にそんなことを思《おも》っていましたが、そのときは分《わ》からずじまいでした。
ですが、この謎《なぞ》をとく話《はなし》をずいぶんと大人《おとな》になってから聞《き》くことが出来《でき》ました。
それにはこんな話《はなし》が残《のこ》されていたのです。

実《じつ》を言《い》うと、僕《ぼく》が通《かよ》っていた小学校《しょうがっこう》のある場所《ばしょ》は、もともと幕末《ばくまつ》から明治時代《めいじじだい》にかけて木材《もくざい》をあつかっていた豪商《ごうしょう》の家《いえ》でした。ものすごい広《ひろ》いしき地《ち》に大《おお》きな屋《や》しきをかまえ、多《おお》くの使用人《しようにん》をやとっていた、徳島《とくしま》でも有数《ゆうすう》の商人《しょうにん》だったそうです。もともとはこの家《いえ》に落《お》ち武者《むしゃ》の幽霊《ゆうれい》が訪《たず》ねていたのです。

時代《じだい》は江戸《えど》の中期《ちゅうき》にさかのぼります。徳島県《とくしまけん》が阿波藩《あわはん》と呼《よ》ばれていた時代《じだい》です。阿波藩《あわはん》の山奥《やまおく》の木《き》を切《き》ってそれを木材《もくざい》にし、大《おお》もうけしていた商人《しょうにん》がいました。その商人《しょうにん》は毎日《まいにち》のように大量《たいりょう》の木《き》を切《き》って、木材《もくざい》に加工《かこう》すると大阪《おおさか》や京都《きょうと》に売《う》りさばいていたのです。

「いやあ今日《きょう》ももうかったな。どんどん木《き》を切《き》って、売《う》って売《う》って売《う》りまくるんだ！」
「はい、旦那様《だんなさま》」

商人《しょうにん》は強欲《ごうよく》な男《おとこ》でした。先《さき》のことなど考《かんが》えず、次《つぎ》から次《つぎ》へと木《き》を切《き》りたおしていきました。そのせいでしょうか。阿波藩《あわはん》のとなりにある土佐藩《とさはん》では、山津波《やまつなみ》（土砂《どしゃ》くずれ）がたびたび起《お》こっていたのです。

「しかし、困《こま》ったものだのう。阿波《あわ》の山奥《やまおく》で商人《しょうにん》が木《き》を切《き》りたおしとるから、うちの村《むら》に山津波《やまつなみ》が起《お》きてかなわん」

「そうだな、もう少《すこ》し木《き》を切《き》る数《かず》をへらしてもらえれば山津波《やまつなみ》も起《お》こらないのだが…」

「あの阿波《あわ》の商人《しょうにん》に頼《たの》みに行《い》くか」

「そうだな」

近在《きんざい》の5つの村《むら》の代表《だいひょう》が集《あつ》まって、あの阿波《あわ》の商人《しょうにん》までお願《ねが》いに行《い》ったのです。

「すいません、私《わたし》たちの村《むら》は山津波《やまつなみ》で大変困《たいへんこま》っております。木《き》を切《き》る数《かず》をもう少《すこ》しへらしてもらえないでしょうか？」

この言葉《ことば》に対《たい》し、商人《しょうにん》はこう言《い》い放《はな》ちました。「何《なに》を言《い》っている。うちは商売《しょうばい》でやっているんだ。お前《まえ》たちに協《きょう》

力《りょく》する気《き》持《も》ちはない！」

「いや、そう言《い》わずわれわれを助《たす》けると思《おも》って…。木《き》を10本《ぼん》切《き》るところを半分《はんぶん》に、いや8本《ほん》にでも7本《ほん》にでもいいので、へらしていただけませんか？」

「何《なに》を言《い》っとるんだ、お前《まえ》ら!? うちの商売《しょうばい》にけちをつけるとはとんでもない奴《やつ》らだ。おい、この土佐《とさ》の村人《むらびと》たちを追《お》い出《だ》してしまいなさい！」

商人《しょうにん》は使用人《しようにん》に言《い》いつけると、5つの村《むら》の代表《だいひょう》たちを屋《や》しきの外《そと》へつまみ出《だ》しました。

「ああ、どうやって土佐《とさ》へ帰《かえ》ろうか。合《あ》わす顔《かお》がないよ…」

「本当《ほんとう》だね、このままじゃ土佐《とさ》には帰《かえ》れんよね…」

村人《むらびと》たちは肩《かた》を落《お》とし、うなだれたまま阿波《あわ》、徳島《とくしま》を後《あと》にしました。

でも、その中《なか》に一人《ひとり》だけ土佐《とさ》に帰《かえ》らなかったものがいました。もともと武士《ぶし》をやっていた家《いえ》がらで、ほこりを持《も》っていたのでしょう。荷物《にもつ》の中《なか》に鎧《よろい》を忍《しの》び込《こ》ませていました。そして、その鎧《よろい》を自《みずか》ら身《み》につけると、当時《とうじ》阿波藩《あわはん》にあった金毘羅神社《こんぴらじんじゃ》に行《い》き、その金毘羅神社《こんぴらじんじゃ》の上《うえ》から身《み》を投《な》げて自殺《じさつ》してしまったのです。地元《じもと》の村《むら》を救《すく》えなかった、その罪《つみ》のつぐないを自殺《じさつ》という方法《ほうほう》であらわしたのでしょうか。

しかし、それ以降《いこう》毎晩《まいばん》のように鎧《よろい》を着《き》た村人《むらびと》の幽霊《ゆうれい》が出《で》るようになったのです。

ざっ、ざっ、ざっ、ざっ、
ガシーン、ガシーン

鎧《よろい》を着《き》た村人《むらびと》の幽霊《ゆうれい》は、よろよろと歩《ある》きながら金毘羅神社《こんぴらじんじゃ》からその豪商《ごうしょう》の家《いえ》まで毎《まい》晩毎晩《ばんまいばん》歩《ある》き続《つづ》けました。豪商《ごうしょう》は怖《こわ》くなって、お坊《ぼう》さんや神主《かんぬし》さんを次《つぎ》つぎと呼《よ》んでは、お払《はら》いをしました。しかし、毎晩毎晩《まいばんまいばん》、鎧《よろい》を着《き》た村人《むらびと》が訪《たず》ねてきます。

「木《き》を切《き》らないで下《くだ》さい。私《わたし》どもの村《むら》が困《こま》っております。木《き》を切《き》らないで下《くだ》さい」

悲《かな》しげな声《こえ》が毎晩《まいばん》のように聞《き》こえました。

「ああ、もうゆるしてくれ、もうわしはだめだ。わしはあの幽霊《ゆうれい》の声《こえ》を聞《き》きとうない」

商人《しょうにん》は毎晩続《まいばんつづ》く幽霊《ゆうれい》のうったえに心《こころ》のバランスをくずし、とうとう病気《びょうき》になりました。そして、商売《しょうばい》もうまくいかなくなり、またたく間《ま》に没落《ぼつらく》してしまったのです。

「あの村人《むらびと》たちを追《お》い返《かえ》したたたりじゃな」

「強欲《ごうよく》な商人《しょうにん》が、山津波《やまつなみ》に困《こま》っている村人《むらびと》を無視《むし》したむくいやな」

人《ひと》びとはそううわさしたのです。

この話《はなし》をある方《かた》から聞《き》いて、僕《ぼく》はようやく分《わ》かりました。なぜ落《お》ち武者《むしゃ》の幽霊《ゆうれい》が刀《かたな》を持《も》っていなかったのか？　そう、彼《かれ》が武士《ぶし》ではなかったからです。山《やま》で農業《のうぎょう》を営《いとな》む村人《むらびと》だったからです。だから、刀《かたな》を持《も》っていない落《お》ち武者幽霊《むしゃゆうれい》が僕《ぼく》の通《かよ》っていた小学《しょうがっ》校《こう》に来《き》ていたのです。

幽霊《ゆうれい》や怪談《かいだん》は、何十年《なんじゅうねん》も経《た》ってからそっと真実《しんじつ》を教《おし》えてくれることもあるのです。

おまじない事典《じてん》

女子必読《じょしひつどく》の書《しょ》「おまじない事典《じてん》」。背中《せなか》を押《お》してくれる心強《こころづよ》い味方《みかた》だが、使《つか》い方《かた》をあやまると大変《たいへん》なことに。くれぐれも注意《ちゅうい》して行《おこな》うように！

まずは 5つのポイントをしっかり守《まも》ってね！

おまじないを成功《せいこう》させる 5つのポイント

1 清《せい》けつでリラックスした状態《じょうたい》でのぞみましょう。体《からだ》が汚《よご》れていたり、散《ち》らかっている環境《かんきょう》は良《よ》くありません。

2 おまじないの前《まえ》に、ひとつまみの塩《しお》を入《い》れたコップ一杯《いっぱい》の冷《つめ》たい水《みず》を飲《の》み、身《み》を清《きよ》め気分《きぶん》を落《お》ち着《つ》けてください。邪念《じゃねん》や雑念《ざつねん》があると、良《よ》い結果《けっか》につながりません。

3 たくさんのおまじないを一緒《いっしょ》に行《おこな》うなど、欲《よく》を出《だ》しすぎてもいけません。いちずに願《ねが》い、努力《どりょく》することが必要《ひつよう》です。

4 自分《じぶん》と自分《じぶん》の願《ねが》いを大切《たいせつ》に想《おも》いながら行《おこな》うことが必要《ひつよう》。人《ひと》に公言《こうげん》したり、見《み》せたりするものではありません。あくまでひそかに、しっかりと。

5 行《おこな》うタイミングは新月《しんげつ》や満月《まんげつ》の、静《しず》かで明《あか》るい夜《よる》がおすすめ。「現状《げんじょう》をよりよくしたい」と考《かんが》えている人《ひと》は、月《つき》が満《み》ちるときのパワーを借《か》りると効果的《こうかてき》です。

注意《ちゅうい》★おまじないに入《い》れ込《こ》みすぎたり、過度《かど》な期待《きたい》をかけすぎないのも必要《ひつよう》です。おまじないはあなたの努力《どりょく》を陰《かげ》ながら助《たす》けてくれるもの。自分自身《じぶんじしん》も願《ねが》い事《ごと》に近《ちか》づくように努力《どりょく》を重《かさ》ねることで、より成功《せいこう》に近《ちか》づくでしょう。

恋愛のおまじない

想《おも》いを伝《つた》えたり、仲直《なかなお》りするための
恋愛《れんあい》のおまじない。「片想《かたおも》い」「両想《りょうおも》い」
それぞれ取《と》り上《あ》げます。

片想《かたおも》い編《へん》

【リップクリーム】

使《つか》いきり系《けい》では、リップクリームもおすすめ。新品《しんぴん》のスティックタイプのリップクリームを用《よう》意《い》し、中身《なかみ》の部分《ぶぶん》に針《はり》などで自《じ》分《ぶん》の名前《なまえ》と好《す》きな人《ひと》の名前《なまえ》を刻《きざ》みます。ハートマークを刻《きざ》んでも良《よ》いでしょう。甘《あま》い匂《にお》いや花《はな》の匂《にお》いのするものを選《えら》ぶとより効果的《こうかてき》。名前《なまえ》は消《き》えていないかひんぱんに確認《かくにん》して、消《き》えかかっていたら刻《きざ》み直《なお》しましょう。

誰にも気づかれず、こっそりやるのが大切だよ！

片想《かたおも》いをかなえる

【消《け》しゴム】

好《す》きな人《ひと》と両想《りょうおも》いになるためのおまじないで、一番多《いちばんおお》いのは、「人知《ひとし》れず願《ねが》いを込《こ》めたものを使《つか》い切《き》る」こと。定番《ていばん》は消《け》しゴム。新品《しんぴん》でカバーのついた、可《か》能《のう》であればピンクや赤色系《あかいろけい》でいいにおいのするもの。消《け》しゴムの片面《かためん》に好《す》きな人《ひと》の名前《なまえ》を、裏《うら》面《めん》に自分《じぶん》の名前《なまえ》を書《か》き、カバーでかくします。文字《もじ》を誰《だれ》にも見《み》られることなく、一人《ひとり》で使《つか》い切《き》ってください。

C君
※ウラに自分の名前

好《す》きな人《ひと》に、気《き》持《も》ちをとどける

【好《す》きな人《ひと》からメールが欲《ほ》しい】

メールアドレスの件名《けんめい》と本文欄《ほんぶんらん》に「『好《す》きな人《ひと》の名前《なまえ》』からメールがとどく」と書《か》いて、自分《じぶん》にメール。戻《もど》ってきたら件名《けんめい》欄《らん》に、「『好《す》きな人《ひと》の名前《なまえ》』に私《わたし》の気持《きも》ちがとどく」と書《か》き、本文欄《ほんぶんらん》に素直《すなお》な気持《きも》ちを書《か》いて再度送信《さいどそうしん》。もし、好《す》きな人《ひと》のメールアドレスや電話番号《でんわばんごう》を知《し》っているのなら、件名《けんめい》に一緒《いっしょ》に書《か》くとより効果的《こうかてき》。

【大切《たいせつ》なことを伝《つた》えたい】

携帯《けいたい》やスマホの場合《ばあい》はショートメール機能《きのう》を利用《りよう》して、本文《ほんぶん》に「『好《す》きな人《ひと》の名前《なまえ》＋電話番号《でんわばんごう》』に私《わたし》の心《こころ》を伝《つた》えられますように」と書《か》き、自分《じぶん》の番号《ばんごう》に送信《そうしん》。ショートメールが返《かえ》ってきてから、好《す》きな人《ひと》に電話《でんわ》をしてみて下《くだ》さい。非通知《ひつうち》でも、きっと返事《へんじ》がくるはずです。

好《す》きな人《ひと》との恋愛運《れんあいうん》をアップ！

他《ほか》には、スマホカバーを使《つか》っている人《ひと》はカバー裏《うら》でおまじないもできます。好《す》きな人《ひと》の写真《しゃしん》（プリクラでも可《か》）と、あなたの名前《なまえ》と好《す》きな人《ひと》の名前《なまえ》をならべて書《か》いたピンクの紙《かみ》を入《い》れると恋愛運《れんあいうん》アップのお守《まも》りになってくれます。これは片想《かたおも》いでも両想《りょうおも》いでも使《つか》えます。

ケンカしてしまったら

【白《しろ》い羽二《はねふた》つを枝《えだ》に結《むす》ぶ】

白《しろ》い羽《はね》を二《ふた》つと、葉《は》のついた木《き》の枝《えだ》か花《はな》を用意《ようい》して下《くだ》さい。羽《はね》と羽《はね》を赤《あか》いリボンの両端《りょうたん》に結《むす》び、木《き》の枝《えだ》ないしは花《はな》の茎《くき》に「あの人《ひと》に素直《すなお》な気持《きも》ちがとどきますように」と祈《いの》りながら結《むす》びます。可能《かのう》であれば木《き》の枝《えだ》はオリーブ、花《はな》はピンクの花《はな》を用意《ようい》。おまじないに使《つか》った枝《えだ》（花《はな》）は花《か》びんに入《い》れ、毎日水《まいにちみず》をかえてお世話《せわ》します。あなたの真心《まごころ》がとどくはずです。

彼氏《かれし》と一緒《いっしょ》に
やるかどうかは、相手《あいて》の
性格《せいかく》も考《かんが》えてみてね！

両想《りょうおも》い編《へん》

ずっと一緒《いっしょ》にいたいとき

【小《ちい》さなピンクの桜貝《さくらがい》】

今付《いまつ》き合《あ》っている人《ひと》とずっと一緒《いっしょ》にいたいと思《おも》う人《ひと》は、海辺《うみべ》で小《ちい》さなピンクの桜貝《さくらがい》を二《ふた》つ、見《み》つけて下《くだ》さい。きれいにしたら、二人《ふたり》の写真《しゃしん》と一緒《いっしょ》にロケットペンダントの中《なか》に入《い》れて下《くだ》さい。落《お》ちないよう、写真《しゃしん》の内側《うちがわ》に入《い》れるのがおすすめ。小《ちい》さな透明《とうめい》のびんや柔《やわ》らかい素材《そざい》で出来《でき》た巾着《きんちゃく》でもOK。一人《ひとり》で持《も》っていても大丈夫《だいじょうぶ》ですが、彼氏《かれし》と彼女《かのじょ》の二人一組《ふたりひとくみ》でお守《まも》りとして持《も》つのが一番《いちばん》です。

ケンカしてしまったら

【クロッカスの花《はな》】

好《す》きな人《ひと》に、クロッカスの花《はな》をおくるのもいいでしょう。クロッカスの花言葉《はなことば》は「愛《あい》の後悔《こうかい》」そして「信頼《しんらい》」です。メールを送《おく》る際《さい》に、一緒《いっしょ》に紫《むらさき》ないしは黄色《きいろ》のクロッカスの画《が》像《ぞう》を添付《てんぷ》するだけでも効果的《こうかてき》ですが、可能《かのう》なら直接会《ちょくせつあ》い、花《はな》を手渡《てわた》しながら自分《じぶん》の気持《きも》ちを伝《つた》えるのが一番《いちばん》です。

気《き》持《も》ちを伝《つた》えたいとき

【自然《しぜん》のハートを待《ま》ち受《う》けに】

自然物《しぜんぶつ》でハート形《がた》をしたものの写真《しゃしん》を撮《と》って待《ま》ち受《う》けにして下《くだ》さい。葉《は》っぱ、花《はな》びら、雲《くも》など何《なん》でもＯＫ。ハート形《がた》の物《もの》でなくても、きれいな虹《にじ》などでも大丈夫《だいじょうぶ》です。人《ひと》の手《て》が加《くわ》えられていない、自然界《しぜんかい》の一瞬《いっしゅん》をとらえた写真《しゃしん》はあなたを陰《かげ》ながら支《ささ》えるお守《まも》りになってくれるはずです。

【指《ゆび》でハートを描《えが》く】

大切《たいせつ》な人《ひと》に、重要《じゅうよう》なことを伝《つた》える必要《ひつよう》があるときは、まずは待《ま》ち受《う》け画面《がめん》に指《ゆび》で大《おお》きくハートを三回描《さんかいえが》きましょう。そのあとで、電話《でんわ》やメールをしてみて下《くだ》さい。

使用《しよう》注意《ちゅうい》！

禁断《きんだん》のおまじない

ここでは招霊術《しょうれいじゅつ》を紹介《しょうかい》します。

どうしても確《たし》かめたいことがあるときは効果的《こうかてき》ですが、危険《きけん》もともなうため、決《けっ》して興味本位《きょうみほんい》で行《おこな》わないでください。

【こっくりさん】

あなたが知《し》りたい疑問《ぎもん》に確実《かくじつ》に答《こた》えてくれるけれど、危険《きけん》もはらんだおまじない、それが「こっくりさん」です。A4程度《ていど》の白《しろ》い紙《かみ》に、五十音《ごじゅうおん》と数字（0～九）、「はい」「いいえ」に加《くわ》え、鳥居《とりい》のマークを書《か》いたものと、10円玉《えんだま》を用意《ようい》します。人数《にんずう》は一人《ひとり》でもできますが、三人以上《さんにんいじょう》が望《のぞ》ましいでしょう。全員《ぜんいん》で鳥居《とりい》の上《うえ》に置《お》いた十円玉《じゅうえんだま》の上《うえ》に指《ゆび》を置《お》き「こっくりさん、こっくりさん、お出《い》で下《くだ》さいましたら東《ひがし》の窓《まど》からお入《はい》り下《くだ》さい」と唱《とな》えます。そして「お入《はい》りになられましたら『はい』の方《ほう》へお進《すす》み下《くだ》さい」と言《い》うと、やがて10円玉《えんだま》はひとりでに動《うご》き出《だ》します。こっくりさんは10円玉《えんだま》で文字《もじ》をたどることで貴方《あなた》の質問《しつもん》に答《こた》えてくれますが、質問《しつもん》が終《お》わったら「ありがとうございました。鳥居《とりい》からお帰《かえ》り下《くだ》さい」とお礼《れい》を言《い》って10円玉《えんだま》が鳥居《とりい》にもどるまで、待《ま》たなくてはなりません。

はい				开			いいえ		
わ	ら	や	ま	は	な	た	さ	か	あ
	り		み	ひ	に	ち	し	き	い
を	る	ゆ	む	ふ	ぬ	つ	す	く	う
	れ		め	へ	ね	て	せ	け	え
ん	ろ	よ	も	ほ	の	と	そ	こ	お
0	一	二	三	四	五	六	七	八	九

こんな招《しょう》霊《れい》術《じゅつ》もある！

こっくりさんとほとんど同《おな》じ作法《さほう》ですが、大《おお》きなハートが描《えが》かれた紙《かみ》を使用《しよう》するエンゼル様《さま》。新《あたら》しいノートの上《うえ》に数人《すうにん》で一緒《いっしょ》にペンをにぎって立《た》てておくと、メッセージを書《か》いてくれるキューピッド様《さま》もあります。これらのおまじないは集団《しゅうだん》催眠《さいみん》状態《じょうたい》を引《ひ》き起《お》こしたり、低級霊《ていきゅうれい》を呼《よ》び込《こ》んでしまったりする非常《ひじょう》に危険《きけん》なおまじないなので、注意《ちゅうい》して行《おこな》いましょう。

嫌《いや》な気配《けはい》がしたら、おはらいしょう！

おまじないは漢字《かんじ》で書《か》くと「お呪《まじな》い」。「呪《じゅ》」の字《じ》が入《はい》っている事《こと》からもわかる通《とお》り、一歩《いっぽ》まちがえると呪《のろ》いとなって自分《じぶん》や誰《だれ》かに悪影響《あくえいきょう》をおよぼす事《こと》もあります。何《なん》らかの悪影響《あくえいきょう》が出《で》ていると思《おも》ったら、次《つぎ》の方法《ほうほう》を試《ため》してみてください。背筋《せすじ》がぞくっとして、誰《だれ》かがいるような気配《けはい》がした時《とき》は、自分《じぶん》の右《みぎ》肩《かた》を3回《かい》払《はら》ってから、塩《しお》を入《い》れた冷《つめ》たい水《みず》を飲《の》んでください。そばにいる人《ひと》に、後《うし》ろから右肩《みぎかた》を3回《かい》たたいてもらうのも良《よ》いでしょう。三《さん》という数字《すうじ》には呪術的《じゅじゅつてき》な意味《いみ》があるので、入《はい》ってこようとした悪《わる》いものを足止《あしど》めし、追《お》い払《はら》う効果《こうか》があります。温《あたた》かいシャワーを浴《あ》びたり、神社《じんじゃ》やお寺《てら》にお参《まい》りに行《い》くのも効果的《こうかてき》です。

おまじないアラカルト

いろいろな願《ねが》い事《ごと》をかなえる、さまざまなおまじないの方法《ほうほう》を紹介《しょうかい》します。

学校《がっこう》の成績《せいせき》を上《あ》げたい

【青《あお》と赤《あか》のリボン】

成績《せいせき》を上《あ》げたい人《ひと》は、苦手《にがて》教科《きょうか》の教科書《きょうかしょ》で、今習《いまなら》っているページに青《あお》いリボンをはさみます。そして、教科書《きょうかしょ》の初《はじ》めに赤《あか》いリボンをはさんで、読《よ》んで問題《もんだい》をときます。赤《あか》いリボンが青《あお》いリボンに追《お》いついた時《とき》、苦手科目《にがてかもく》の成績《せいせき》は上《あ》がっているはずです。

【筆記用具《ひっきようぐ》を新《あたら》しいものに】

このおまじないをすると決《き》めた時《とき》は、筆記用具《ひっきようぐ》を新《あたら》しいものにかえるとより効果的《こうかてき》。また、古《こ》来《らい》から学業《がくぎょう》の神様《かみさま》として知《し》られている天神様《てんじんさま》の御札《おふだ》や絵馬《えま》、お守《まも》りを机《つくえ》の上《うえ》に飾《かざ》るのも良《よ》いでしょう。

運《うん》を良《よ》くしたい

【四《よ》つ葉《ば》のクローバー】

野原一面《のはらいちめん》に白《しろ》いかれんな花《はな》を咲《さ》かせるクローバーことシロツメクサの葉《は》は、普通《ふつう》は三《み》つ葉《ば》ですが、まれに四《よ》つ葉《ば》のものがまじります。なかなか見《み》つからない事《こと》から、昔《むかし》から幸運《こううん》のシンボルと考《かんが》えられてきました。運良《うんよ》く見《み》つけられたら、押《お》し花《ばな》にしてラッキーアイテムに。

金運《きんうん》をアップさせたい

【ヘビやカエル】

金運《きんうん》アップの定番《ていばん》といえば、「ヘビのぬけがらを財布《さいふ》に入《い》れる」というもの！　しかし、ヘビのぬけがらはなかなか手《て》に入《はい》りませんので、神社《じんじゃ》などで売《う》るヘビの形《かたち》の小《ち い》さな干《え》支《と》のお守《まも》りなどでもOK。また、お金《かね》が返《かえ》ってくるように、小《ちい》さいカエルの人形《にんぎょう》も効果的《こうかてき》です。

【風水《ふうすい》の力《ちから》を使《つか》う】

中国《ちゅうごく》古来《こらい》から伝《つた》わる風水《ふうすい》の力《ちから》を借《か》りる方法《ほうほう》もあります。部屋《へや》を綺麗《きれい》に片付《かたづ》けて、西《にし》側《がわ》に黄色《きいろ》や金色《きんいろ》の家具《かぐ》を配《はい》置《ち》しましょう。散《ち》らかった部屋《へや》は気《き》の流《なが》れが悪《わる》くなるので、質素《しっそ》で清潔《せいけつ》な暮《く》らしを心《こころ》がければ、金運《きんうん》アップにつながるでしょう。

植物《しょくぶつ》と色《いろ》リボンでラッキーアイテムを作《つく》る！

四《よ》つ葉《ば》のクローバーや、恋愛運《れんあいうん》を上《あ》げてくれる花《はな》などは、押《お》し花《はな》にして、願《ねが》いごとに対応《たいおう》した色《いろ》のリボンやひもと組《く》み合《あ》わせると願《ねが》いがかないます。

幸運《こううん》	四《よ》つ葉《ば》のクローバー ×黄色《きいろ》
恋愛《れんあい》	バラ ×赤色《あかいろ》（片想《かたおも》いは、ビオラ × ピンク色系《いろけい》がオススメ）
勉強《べんきょう》	白《しろ》・紫《むらさき》のアネモネ ×青色《あおいろ》（紫《むらさき》のパンジーでも可《か》）
健康《けんこう》	マリーゴールド ×黄色《きいろ》、オレンジ色《いろ》（ハーブ系《けい》の植物《しょくぶつ》× 緑色《みどりいろ》はいやし効果《こうか》）

健康《けんこう》のおまじない

【薬師如来《やくしにょらい》に祈《いの》る】

数多《かずおお》くいる仏様《ほとけさま》の中《なか》でも、病気平癒《びょうきへいゆ》と病苦《びょうく》を取《と》りのぞいてくれるとされるのが薬師如来《やくしにょらい》です。ご真言《しんごん》（呪文《じゅもん》）を唱《とな》えることで、治癒《ちゆ》の効果《こうか》をもたらしてくれることでしょう。「オン コロコロ センダリ マトウギ ソワカ」と唱《とな》えましょう。

【松《まつ》の実《み》や小豆《あずき》を食《た》べる】

不老長寿《ふろうちょうじゅ》の伝説《でんせつ》のある「松《まつ》の実《み》」や、お赤飯《せきはん》やあんこ、おはぎの材料《ざいりょう》となる「小豆《あずき》」も魔《ま》をはらう食《た》べ物《もの》として親《した》しまれてきました。季節《きせつ》の変《か》わり目《め》には、体《からだ》にもよく縁起《えんぎ》も良《よ》い食《た》べ物《もの》を口《くち》にすると良《よ》いでしょう。

パワーストーンの力《ちから》を借《か》りる！

古来《こらい》より、宝石《ほうせき》やきれいな鉱物《こうぶつ》には、所有者《しょゆうしゃ》を守《まも》ったり、潜在能力《せんざいのうりょく》を高《たか》めたり、特別《とくべつ》な力《ちから》が宿《やど》ると考《かんが》えられています。目的《もくてき》で選《えら》ぶのはもちろん、一目見て気《き》に入《い》った石《いし》があった場合《ばあい》、その石《いし》は今《いま》あなたに一番欠《いちばんか》けているものをおぎなってくれるはずなので、直感《ちょっかん》も重要《じゅうよう》です。迷《まよ》った時《とき》は、生命力《せいめいりょく》の活性化《かっせいか》と浄化《じょうか》をつかさどる水晶《すいしょう》がおすすめ。

真剣《しんけん》に願《ねが》って、
努力《どりょく》することが
大事《だいじ》ですよ！

やっと逢《あ》えたね

これは私《わたし》の知人《ちじん》、Fさんに起《お》きた出来事《できごと》です
とある病院《びょういん》の小児病棟《しょうにびょうとう》にFさんの娘《むすめ》さんが入院《にゅういん》していました
東京都《とうきょうと》・埼玉県《さいたまけん》・千葉県《ちばけん》　匿名希望《とくめいきぼう》さんの体験《たいけん》
オガツカヅオ・画
同《おな》じ病室《びょうしつ》には仲《なか》のよい3人《にん》のおねえさんたちがいて
Fさんの娘《むすめ》をずいぶんとかわいがってくれていたそうです。
幸《さいわ》い、Fさんの娘《むすめ》は1年《ねん》ほどで退院《たいいん》できました。
ですが…

おねえさんたち3人《にん》は、病《やまい》の魔《ま》の手《て》からのがれることができず
天国《てんごく》に旅立《たびだ》ってしまいました
このことをなかなか切《き》り出《だ》せませんでしたが、
しばらくしてFさんは娘《むすめ》にすべてを話《はな》しました
3人《にん》のおねえさんが亡《な》くなったことを
そんなのいや
ギュッ
おねえさんたちにもう一度《いちど》あいたい

この思《おも》いがみちびいたのか、
あるとき、Fさん親子《おやこ》は、亡《な》くなった人《ひと》と会話《かいわ》できる能力《のうりょく》を持《も》つ女性《じょせい》がいる、ということを知《し》りました。
その人は、Dさんという霊能《れいのう》を持《も》つ尼僧《にそう》でした

Fさん親子《おやこ》は、亡《な》くなった3人《にん》のおねえさんにあうために、Dさんのもとをたずねました
よろしくお願《ねが》いします
そうですね…A子《こ》さんはお茶《ちゃ》が好《す》きだって言《い》ってますよ
お茶《ちゃ》ですか⁉
A子《こ》さんは、長《なが》い間《あいだ》、同《おな》じ病室《びょうしつ》でしたが
お茶《ちゃ》が好《す》きだというのは、初耳《はつみみ》でした
………

C子《こ》さんは、色《いろ》とりどりのアメがほしいと言《い》ってますね
色《いろ》とりどりのアメですか…?
これにも心《こころ》あたりがありませんでした
K子《こ》さんは一人《ひとり》じゃないから平気《へいき》って言《い》ってるわ心配《しんぱい》しなくていいって
「ペルといっしょだから、だいじょうぶよ」って
二人《ふたり》は、最初《さいしょ》にK子《こ》さんの家《いえ》をたずねました
ええ。たしかにK子《こ》はかわいがっていたペルといっしょに旅立《たびだ》ちました
病院《びょういん》で聞《き》かれたんですか?
!!

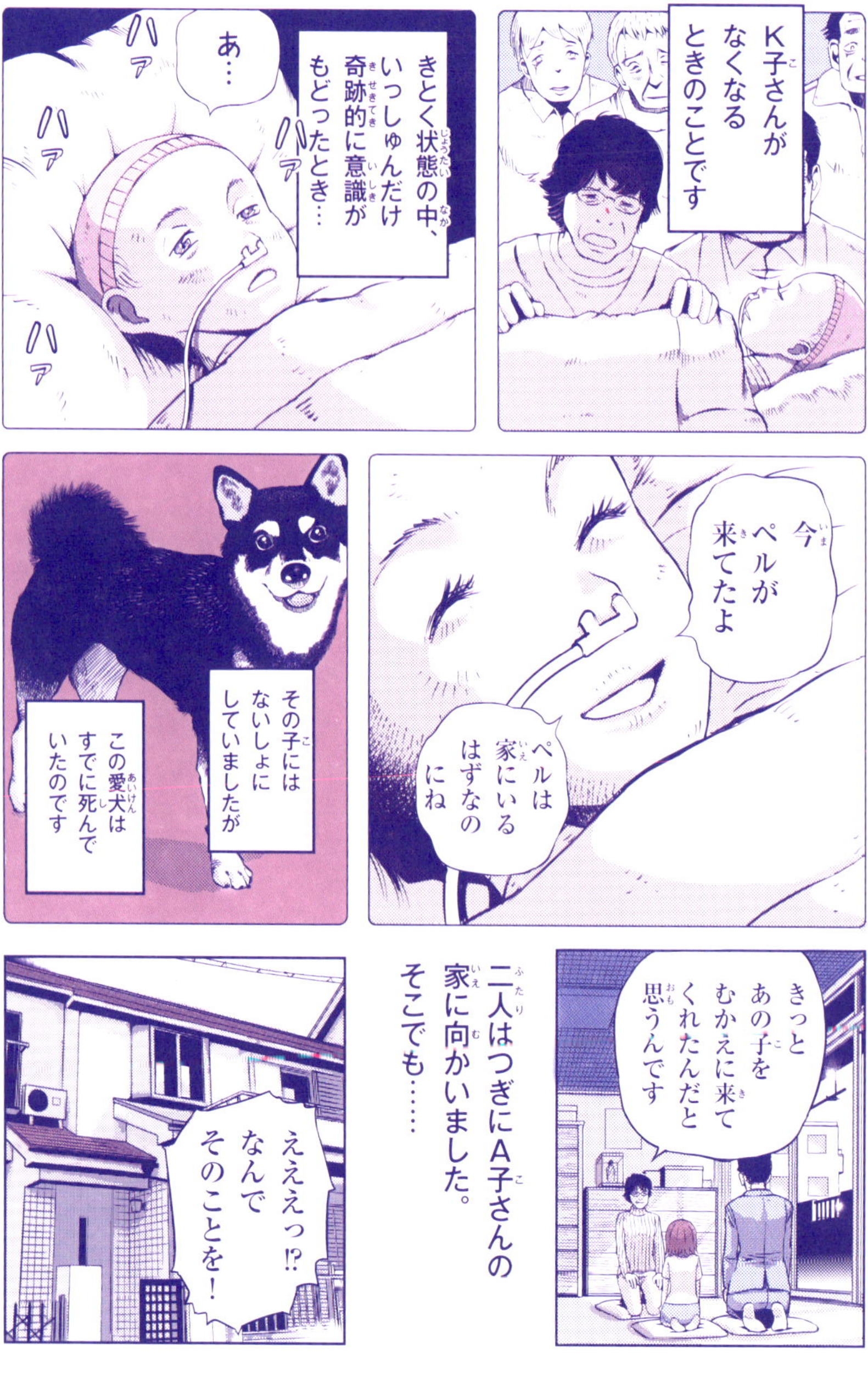
K子《こ》さんがなくなるときのことです
きとく状態《じょうたい》の中《なか》、いっしゅんだけ奇跡的《きせきてき》に意識《いしき》がもどったとき…
ハァ
ハァ
ハァ
ハァ
あ…
今《いま》ペルが来《き》てたよ
ペルは家《いえ》にいるはずなのにね
その子《こ》にはないしょにしていましたが
この愛犬《あいけん》はすでに死《し》んでいたのです
きっとあの子《こ》をむかえに来《き》てくれたんだと思《おも》うんです
二人《ふたり》はつぎにA子《こ》さんの家《いえ》に向《む》かいました。そこでも……
えええっ⁉なんでそのことを！

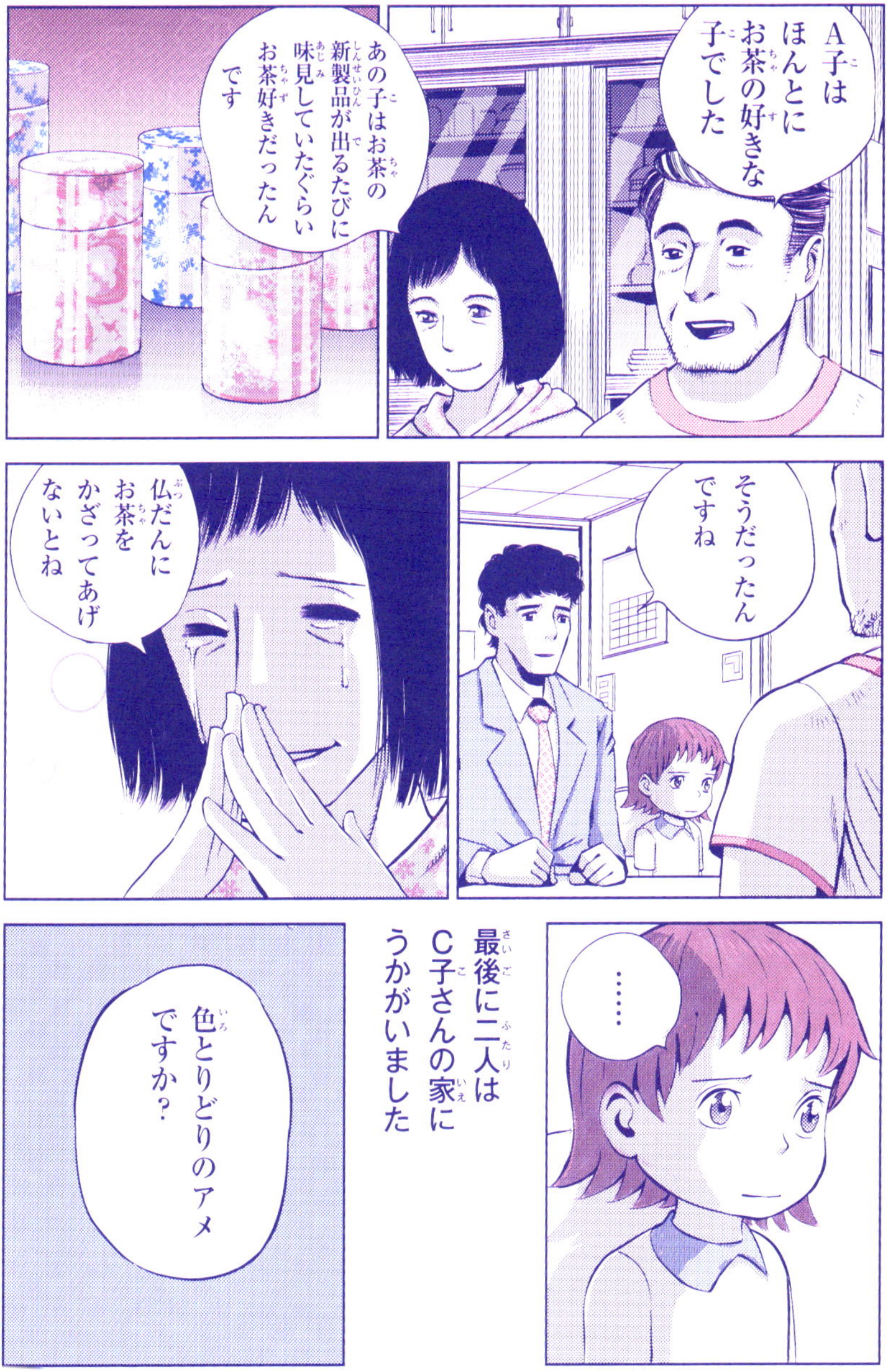
A子《こ》は
ほんとに
お茶《ちゃ》の好《す》きな
子《こ》でした
あの子《こ》はお茶《ちゃ》の
新製品《しんせいひん》が出《で》るたびに
味見《あじみ》していたぐらい
お茶好《ちゃず》きだったん
です
そうだったん
ですね
仏《ぶつ》だんに
お茶《ちゃ》を
かざってあげ
ないとね
……
最後《さいご》に二人《ふたり》は
C子《こ》さんの家《いえ》に
うかがいました
色《いろ》とりどりのアメ
ですか?

うーん……
……
そうだ！あの子《こ》
私《わたし》たちも忘《わす》れていたけど
サクマドロップス
サクマドロップが大好《だいす》きでした
色《いろ》とりどりのアメって、サクマドロップだったのか！
おぉ・・
けっきょく、3つとも僧侶《そうりょ》のDさんの言《い》ったことが当《あ》たっていたのです
あたし知《し》らなかった

A子《こ》ちゃんがお茶《ちゃ》を好《す》きなことも
K子《こ》ちゃんのワンちゃんのことも
C子《こ》ちゃんのアメのことも
あんなに長《なが》い時間《じかん》
いっしょに遊《あそ》んだのに……
あたしには話《はな》してもらえなかった
コラ!! よさないか
お嬢《じょう》ちゃん それはきっと ちがうと 思《おも》うよ
あの子《こ》たちはわざと話《はな》さなかったんじゃないかな
えっ⁉

このとき
3人《にん》の死《し》を
知《し》らせたときには
泣《な》かなかった
娘《むすめ》が
声《こえ》をあげて
泣《な》いたそうで
ある

第《だい》5の本棚《ほんだな》
異《い》

ちがう世界《せかい》への扉《とびら》

東京都《とうきょうと》　箱《はこ》ミネコさんの体験《たいけん》

これは箱《はこ》ミネコさんという漫画家《まんがか》さんから聞《き》いた不思議《ふしぎ》な話《はなし》です。

「今《いま》でも、あの日《ひ》のことははっきりとおぼえています」

箱《はこ》さんが子《こ》どもだったころ、東京《とうきょう》の中野《なかの》に住《す》んでいた時期《じき》がありました。当時《とうじ》は東《とう》京《きょう》といっても、まだいくつか防空壕《ぼうくうごう》が残《のこ》っていたといいます。

ある日《ひ》のこと、箱《はこ》さんが家《いえ》の近《ちか》くを歩《ある》いていると、お兄《にい》さんと友《とも》だちがご近所《きんじょ》の家《いえ》の庭先《にわさき》に入《はい》ろうとしていました。

お兄《にい》さんのことが大好《だいす》きだった箱《はこ》さんは話《はな》しかけました。

「お兄《にい》ちゃん、こんな人《ひと》の家《いえ》の軒先《のきさき》で何《なに》をやっているの?」

「ああ、お前《まえ》知《し》らないんだ。この家《いえ》の庭《にわ》の角《かど》にさ、防空壕《ぼうくうごう》の入《い》り口《ぐち》があるんだよ」

「へえ、防空壕《ぼうくうごう》って戦争中《せんそうちゅう》に掘《ほ》られた穴《あな》だよね?」

その問《と》いかけにお兄《にい》さんはうれしそうに答《こた》えました。

「そうさ、その穴《あな》の中《なか》を探検《たんけん》するんだよ」

「ええっ、穴《あな》の中《なか》を探検《たんけん》？」

彼女《かのじょ》は薄暗《うすぐら》い穴《あな》の中《なか》と聞《き》いて少《すこ》し怖《こわ》くなりました。

「お前《まえ》も来《こ》ないか？」「どっ、どうしようかな…」

「ミネコ、来《こ》いよ！」「うん、わかった」

生《う》まれつき怖《こわ》い話《はなし》や暗《くら》い場所《ばしょ》が苦手《にがて》な箱《はこ》さんでしたが、大好《だいす》きなお兄《にい》さんもいるということで、つい後《あと》をついていってしまったのです。お兄《にい》さんの友《とも》だちが懐中電灯《かいちゅうでんとう》を持《も》ってそーっと入《はい》ると、カビくさく湿気《しっけ》くさい空気《くうき》が鼻《はな》をしげきします。

「お兄《にい》ちゃん、こんな暗《くら》いとこ入《はい》って大丈夫《だいじょうぶ》なの？」

「大丈夫《だいじょうぶ》だよ、それが面白《おもしろ》いんだよ」

そう行《い》ってお兄《にい》さんはどんどん先《さき》に行《い》ってしまいます。

「暗《くら》くて見《み》えないよ、暗《くら》くて怖《こわ》いから懐中電灯《かいちゅうでんとう》をかして」

箱《はこ》さんはそう言《い》いました。

「しょうがないなぁ、じゃあかしてやるよ」

彼女《かのじょ》は懐中電灯《かいちゅうでんとう》を受《う》け取《と》ったのですが、しばしその光《ひかり》に見《み》とれていました。

はっと気《き》づくと、お兄《にい》さんと友《とも》だちがいません。

「おっ、お兄《にい》ちゃん」

お兄《にい》さんを呼《よ》んでも反応《はんのう》がありません。しかも、防空壕《ぼうくうごう》は二《ふた》つに大《おお》きく枝分《えだわ》かれしていたのです。

「えっ、道《みち》が二《ふた》つに分《わ》かれている。お兄《にい》ちゃんどっちに行《い》ったんだろう？　一人《ひと》ぼっちになっちゃった」

不安《ふあん》に思《おも》った箱《はこ》さんは、ふと目《め》の前《まえ》に懐中電灯《かいちゅうでんとう》で照《て》らしだされた階段《かいだん》をのぼってみることにしました。

「とにかく上《うえ》に出《で》なきゃ、地上《ちじょう》に出《で》なきゃあぶない」

一歩一歩《いっぽいっぽ》階段《かいだん》をのぼっていきます。すると、まぶしい光《ひかり》につつまれ、ようやく地上《ちじょう》に出《で》ました。

するとそこは、背《せ》の高《たか》い塀《へい》で囲《かこ》まれた四角《しかく》い空間《くうかん》でした。

（ここはどこ？　東京《とうきょう》なの？）

誰《だれ》もいません。音《おと》もしません。

ただ、真《ま》ん中《なか》に大《おお》きな木《き》が立《た》ち、葉《は》が茂《しげ》って風《かぜ》にサラサラとゆらいでいます。

「あれ、こんな木《き》、中野《なかの》にあったかな？　こんな大《おお》きな木《き》があれば、町中《まちじゅう》でうわさになる。ましてや、ビルが見《み》えないっていうことは高台《たかだい》にあるっていうこと？　高台《たかだい》にこんな大《おお》きな木《き》があれば、何度《なんど》か見《み》たことがあるはずなのに。こんな木《き》は見《み》たことない…」

四方《しほう》を取《と》り囲《かこ》む塀《へい》よりはるかに高《たか》い巨大《きょだい》な木《き》を見上《みあ》げて、箱《はこ》さんはそう思《おも》いました。

でも、何《なに》か様子《ようす》がちがいます。人《ひと》の声《こえ》も、町《まち》のざわめきも、何《なに》も聞《き》こえてこないのです。

「ひょっとしてここは来《き》てはいけないところなのかもしれない」

彼女《かのじょ》はそう思《おも》い、不安《ふあん》におそわれました。

「早《はや》く帰《かえ》ろう、早《はや》く帰《かえ》らないと。なにかとんでもない所《ところ》に迷《まよ》い込《こ》んでしまったのかもしれない」

怖《こわ》くなった彼女《かのじょ》は、懐中電灯《かいちゅうでんとう》をにぎりしめ、ふたたび階段《かいだん》をおり、元《もと》きた方向《ほうこう》に帰《かえ》っていきました。

一方《いっぽう》お兄《にい》さんは、枝分《えだわ》かれしたもう片方《かたほう》の道《みち》を選《えら》び、入《い》り口《ぐち》とはちがう民家《みんか》の庭先《にわさき》に出《で》ていました。

「こら、この穴《あな》に入《はい》ってはいかん！」

お兄《にい》さんが出《で》るのを待《ま》ちかまえていた、そこの民家《みんか》に住《す》んでいるおじいさんがこんなことを言《い》いました。

「あの防空壕《ぼうくうごう》は多《おお》くの人《ひと》が死《し》んだ場所《ばしょ》でな、今《いま》でもたくさんの霊《れい》がさまよっておる。君《きみ》たちのような子《こ》どもが入《はい》ると、あの世《よ》に連《つ》れて行《い》かれるかもしれない。また、あぶないガスもたまっているから、入《はい》ってはいけない場所《ばしょ》なんだ」

おじいさんは悲《かな》しげな顔《かお》でそんな話《はなし》をしたといいます。

この話《はなし》を聞《き》いて箱《はこ》さんはこう思《おも》いました。

（自分《じぶん》が見《み》たあの風景《ふうけい》、ひょっとしたら過去《かこ》の中野《なかの》かもしれない。ひょっとしたらちがう世界《せかい》の中野《なかの》かもしれない）

防空壕《ぼうくうごう》やトンネルの向《む》こうには、この世界《せかい》とはちがう世界《せかい》が待《ま》っているのかもしれません。

お岩《いわ》さんが笑《わら》った

埼玉県《さいたまけん》　Aさんの体験《たいけん》

これは、ある男性《だんせい》が体験《たいけん》した話《はなし》です。

彼《かれ》が小学校《しょうがっこう》1年生《ねんせい》のころ、住《す》みなれた東京《とうきょう》から埼玉県《さいたまけん》に引《ひ》っ越《こ》すことになりました。

田舎《いなか》に越《こ》して来《き》たばかりということもあり、まだ新《あたら》しい友《とも》だちとなじむことが出来《でき》ず、また当時《とうじ》は娯楽《ごらく》が少《すく》なかったこともあって、さびしい毎日《まいにち》を送《おく》っていたそうです。

ですが、そんな中《なか》でもちょっとした楽《たの》しみがありました。

学校《がっこう》から彼《かれ》の自宅《じたく》に通《つう》じる通学路《つうがくろ》は子《こ》どもの足《あし》では遠回《とおまわ》りになるルートでした。ですが、その近《ちか》くに子《こ》どもしか通《とお》ることの出来《でき》ない秘密《ひみつ》の近道《ちかみち》があったのです。

酒屋《さかや》さんの近《ちか》く、うっそうとした木《き》の茂《しげ》っている間《あいだ》から入《はい》る小道《こみち》で、その日《ひ》もその近道《ちかみち》を通《とお》って帰《かえ》っていました。

すると、子《こ》どもしか通《とお》れないはずの道《みち》に女《おんな》の人《ひと》が向《む》こうから歩《ある》いてきたのです。

（なんだろう。あの人《ひと》は？）

よく見《み》ると髪《かみ》が（貞子《さだこ》のように）長《なが》く、上《うえ》は赤《あか》のチェックのネルシャツ、下《した》はジーンズをはいていました。普通《ふつう》の人《ひと》にしてはどこか違和感《いわかん》があったのでよくおぼえているそうです。

その女《おんな》の人《ひと》は、長《なが》い前髪《まえがみ》で顔《かお》をかくすようにしています。

まるで、顔《かお》の、特《とく》に左半分《ひだりはんぶん》を見《み》られたくないような風《ふう》に。

（怖《こわ》い人《ひと》だなぁ）

そうしていると、ちらりと女《おんな》の人《ひと》の顔《かお》が見《み》えました。

それは、左目《ひだりめ》が大《おお》きくただれている、いわゆるお岩《いわ》さんのような怖《こわ》い顔《かお》でした。

顔《かお》を見《み》た途端《とたん》、ものすごく怖《こわ》くなったのですが、せまい道《みち》なのですれちがわなくてはなりません。近《ちか》づいていくのが怖《こわ》くて、体《からだ》を小《ちい》さくして歩《ある》いて行《い》きました。

そして今《いま》まさにすれちがおうとしたとき、

ふとその女《おんな》の人《ひと》がこちらの方《ほう》を見《み》て、笑顔《えがお》を向《む》けたのです。

（あれっ？　やさしい）

その笑顔《えがお》はすごく優《やさ》しい、おだやかな笑顔《えがお》でした。彼《かれ》は先《さき》ほどまで感《かん》じていた恐怖《きょうふ》など、どこかに飛《と》んでいってしまったそうです。同時《どうじ》に彼《かれ》は、顔《かお》を見《み》て怖《こわ》いなんて思《おも》ってしまったことを、ものすごくもうしわけなく思《おも》いながら女性《じょせい》とすれちがいました。

でも、やっぱりあの笑顔《えがお》が忘《わす》れられなくて、彼《かれ》はすぐに女性《じょせい》の方《ほう》をふり返《かえ》りました。

おそらく、時間《じかん》にして5秒《びょう》もかからなかったそうです。

しかし、女《おんな》の人《ひと》の姿《すがた》はこつぜんと消《き》えていました。

その道《みち》の途中《とちゅう》からは出《で》られないはずなのですが、前《まえ》にも後《うし》ろにも、女《おんな》の人《ひと》の姿《すがた》はありません。しかし、それ以来《いらい》、すぐに女《おんな》の子《こ》から声《こえ》をかけられるようになり、しだいに友《とも》だちも増《ふ》えて彼《かれ》はだんだんその土地《とち》になじんでいったそうです。

もしかしたら、あのお岩《いわ》さんのような女性《じょせい》は、引《ひ》っ越《こ》ししたてで心細《こころぼそ》さや不安《ふあん》をかかえていた彼《かれ》をはげますために出《で》てきてくれた、優《やさ》しい霊《れい》だったのかもしれません。

妖怪《ようかい》・四《よ》つ目《め》入道《にゅうどう》と緑色《みどりいろ》の人間《にんげん》

東京都《とうきょうと》　Jさんの体験《たいけん》

Jさんは東京都《とうきょうと》の青梅市《おうめし》に住《す》む女子高生《じょしこうせい》です。

どうやら彼女《かのじょ》には霊感《れいかん》があるらしく、ときどき〝奇妙《きみょう》なモノ〟を目撃《もくげき》しています。

ある日《ひ》、一人《ひとり》でお風呂《ふろ》に入《はい》っていると、奇妙《きみょう》な物体《ぶったい》が浴室《よくしつ》に入《はい》ってきました。それは坊主頭《ぼうずあたま》でごつごつした中年《ちゅうねん》のおじさんの頭《あたま》でした。

しかも、半透明《はんとうめい》なのです。

（えっ）

おどろいたJさんはその頭部《とうぶ》を観察《かんさつ》しました。

すると左右縦《さゆうたて》に二個《にこ》ずつ目玉《めだま》があるのがわかりました。
（目玉《めだま》が四《よっ》つもある）
びっくりしたJさんがさらに細《こま》かく観察《かんさつ》していると、
そのおじさんの頭《あたま》は
（おまえ、俺《おれ》の姿《すがた》が見《み》えてんの？）
と言《い》わんばかりに、じろりとにらみ返《かえ》すと、そのまま
かべを通過《つうか》し外《そと》へ出《で》て行《い》ってしまいました。

Jさんのお兄《にい》さんも子《こ》どものころ、〝奇妙《きみょう》なモノ〟を目撃《もくげき》しています。自宅《じたく》の近《ちか》くに天ケ瀬淵《あまがせぶち》という多摩川《たまがわ》の淵《ふち》があるのですが、ここで妖怪《ようかい》のようなものを見《み》ているのです。

地元《じもと》の高校《こうこう》の水練《すいれん》にも使用《しよう》されていた淵《ふち》なのですが、流《なが》れの関係《かんけい》でしょうか、上流《じょうりゅう》で溺死《できし》した遺体《いたい》はこの淵《ふち》に流《なが》れつくことが多《おお》かったようです。

ある日《ひ》のこと、淵《ふち》を見下《みお》ろす場所《ばしょ》にある駐車場《ちゅうしゃじょう》でお兄《にい》さん、お母《かあ》さんが車《くるま》から降《お》り

たところ、**淵《ふち》から全身《ぜんしん》緑色《みどりいろ》の人間《にんげん》の形《かたち》をしたモノが浮《う》かび上《あ》がってきました。**

（なんだ、あれは？）

淵《ふち》を見下《みお》ろすと、緑色《みどりいろ》のモノが水面《すいめん》をただよっています。

『ふわん、ふわん』

水《みず》にただよう緑色《みどりいろ》のモノ。たしかに人間《にんげん》のような形《かたち》をしていますが、緑色《みどりいろ》をしているのです。

「あぁぁあああぁあ、空中《くうちゅう》に浮《う》き上《あ》がった！」

お兄《にい》さんは思《おも》わず声《こえ》をあげました。

その緑色《みどりいろ》の人間《にんげん》は全身《ぜんしん》の力《ちから》をぬいたような姿勢《しせい》で、そのまま空中《くうちゅう》に浮《う》き上《あ》がったのです。

「わわわわ、上《うえ》まであがってくる！」

まるで風船《ふうせん》のように空《そら》に舞《ま》い上《あ》がると、ふわふわ飛《と》ぶようにがけを登《のぼ》ってきます。

「お母《かあ》さん、緑色《みどりいろ》のやつがくるよ！」

「なんなの⁉　お母《かあ》さんには見《み》えないわ」

「ほら、あそこ、川《かわ》から浮《う》き上《あ》がってくるよ！」

その緑色《みどりいろ》の人間《にんげん》はふわふわと飛《と》びながら、駐車場《ちゅうしゃじょう》の近《ちか》くまで接近《せっきん》してきました。

「早《はや》く、早《はや》く、お母《かあ》さん家《いえ》に逃《に》げよう！」

怖《こわ》くなったお兄《にい》さんは、お母《かあ》さんをせかして自宅《じたく》に逃《に》げ込《こ》みました。

今《いま》になってJさんが回想《かいそう》してみると、やや黒《くろ》かったような印象《いんしょう》もあるといいます。

あの緑色《みどりいろ》の人間《にんげん》はいったい何者《なにもの》だったのでしょうか？

不思議《ふしぎ》なことなのですが、この話《はなし》を僕《ぼく》にしてくれた日《ひ》の夜《よる》、彼《かれ》ら兄妹《きょうだい》の家《いえ》のドアを何者《なにもの》かがはげしくノックしたそうです。

ドンドン、ドンドン、ドンドン

緑色《みどりいろ》の人間《にんげん》が警告《けいこく》に来《き》たのでしょうか？

さよならこんにちは

千葉県《ちばけん》　Gさんの体験《たいけん》

千葉県《ちばけん》の船橋市《ふなばしし》に住《す》むGさんは、たびたび霊《れい》を目撃《もくげき》する人《ひと》です。ぞくにいう〝見《み》える人《ひと》〟なのです。十数年前《じゅうすうねんまえ》に初《はじ》めて彼女《かのじょ》とあったときに、語《かた》ってもらった体験《たいけん》は今《いま》でもはっきりとおぼえています。

学生時代《がくせいじだい》、自宅《じたく》で寝《ね》ていると、なぜか得体《えたい》の知《し》れないモノが自宅《じたく》に向《む》かって飛《と》んでくるのが分《わ》かったのだそうです。

「夜中《よなか》にふわふわ、ふわふわと透明《とうめい》なものが飛《と》んでくるのが、なぜか分《わ》かったんです」

僕《ぼく》はその物体《ぶったい》はヒトダマではないかと興奮《こうふん》しながら質問《しつもん》をしました。

「その飛《と》んできた物体《ぶったい》はどうなったんですか？」

「窓《まど》ガラスに当《あ》たって、地面《じめん》に落《お》ちてしまいました」

（ひとだまが窓《まど》ガラスにぶつかって落《お》ちるなんて…）

あまりにもとんでもない話《はなし》に大変《たいへん》おどろいたのをおぼえています。

しかも、落下《らっか》したヒトダマを足《あし》でふむとやらわかく感《かん》じたと、彼女《かのじょ》は証言《しょうげん》しました。

「足《あし》でふむと、ぷにゅぷにゅする感覚《かんかく》ですね」

その他《ほか》、彼女《かのじょ》には多《おお》くの霊体験《れいたいけん》を聞《き》かせてもらいました。

時《とき》が経《た》ち、彼女《かのじょ》にも恋人《こいびと》ができて、結婚《けっこん》し子《こ》どもをさずかりました。

「わたしが一番恐《いちばんおそ》れていることは、遺伝《いでん》なんです」

彼女《かのじょ》が結婚後《けっこんご》、僕《ぼく》にそうもらしたことをおぼえています。

霊《れい》が見《み》えてしまうというこの力《ちから》が、子《こ》どもたちに遺伝《いでん》するのではないかと心配《しんぱい》していたのです。あくまで仮説《かせつ》ですが、霊感《れいかん》は親《おや》から子《こ》に遺伝《いでん》するという説《せつ》があるのです。

（この能力《のうりょく》が子《こ》どもたちに遺伝《いでん》しなければいいけど…）

ですが彼女《かのじょ》の不安《ふあん》は的中《てきちゅう》し、息子《むすこ》にも娘《むすめ》にも霊感《れいかん》は遺伝《いでん》してしまったのです。

例《たと》えば、息子《むすこ》の場合《ばあい》、どうやら未来《みらい》が見《み》えるらしく、ときどき不気味《ぶきみ》なことを言《い》うのです。

「お父《とう》さん、高速道路《こうそくどうろ》に乗《の》らないで」

不安《ふあん》に思《おも》った夫《おっと》が、

「どうしてそんなことを言《い》うんだい？」

と聞《き》き返《かえ》すと、

「だって高速道路《こうそくどうろ》で事故《じこ》にあって
お母《かあ》さんが車《くるま》にはさまれて死《し》ぬから」

と答《こた》えました。

また、ちがう日《ひ》には、仕事《しごと》に行《い》こうとするGさんを息子《むすこ》が呼《よ》び止《と》めこう言《い》いました。

「お母《かあ》さん、今日《きょう》は公園《こうえん》を通《とお》りぬけていかないで」

不気味《ぶきみ》に思《おも》った彼女《かのじょ》が聞《き》き返《かえ》しました。

「どうしてそんなことを言《い》うの？」

「だってあの公園《こうえん》を通《とお》ったら、
お母《かあ》さんは縄《なわ》でしばられて
脇腹《わきばら》を刺《さ》されて死《し》んじゃうからだよ」

一方《いっぽう》、娘《むすめ》さんの方《ほう》は霊視能力《れいしのうりょく》があるようです。ある日《ひ》、自宅《じたく》があるマンションのエントランスで娘《むすめ》をだっこしていると、肩《かた》ごしに誰《だれ》かに別《わか》れを告《つ》げているのです。

「バイバーイ!」

「なっ何《なに》! 誰《だれ》にお別《わか》れを言《い》っているの?」

と聞《き》いても娘《むすめ》さんは顔《かお》をGさんの胸《むね》にうずめて答《こた》えません。

「……」

仕方《しかた》ないのでそのままエレベーターに乗《の》り、自《じ》宅《たく》があるフロアに上《あ》がりました。さらに玄関《げんかん》ドアを開《あ》けると、腕《うで》の中《なか》の娘《むすめ》さんが顔《かお》を上《あ》げ、こう言《い》いました。

「また、いる」

軍人《ぐんじん》幽霊《ゆうれい》

埼玉県《さいたまけん》　色部貴明《いろべたかあき》さんの体験《たいけん》

これは色部君《いろべくん》というデザイナーさんから聞《き》いた話《はなし》です。

彼《かれ》が高校生《こうこうせい》のころですから、今《いま》から十数年《じゅうすうねん》ほど前《まえ》のことです。母方《ははかた》の実家《じっか》に遊《あそ》びに行《い》き、いとこや妹《いもうと》など五人《ごにん》でゲームをやっていました。その部屋《へや》は階段《かいだん》を上《あ》がった二階《にかい》にあり、廊下《ろうか》に面《めん》していたそうです。

五人《ごにん》ともゲームに夢中《むちゅう》になっていたのですが、とつじょ、

おい!!

という男性《だんせい》の声《こえ》が聞《き》こえました。

「ええっ!!」

思《おも》わず色部君《いろべくん》と妹《いもうと》、いとこのひとりが声《こえ》のするほうにふり返《かえ》りました。

「なんだあれは!?」

「まさか、あんなにたくさんの…」
おどろき、言葉《ことば》を忘《わす》れた子《こ》どもたち。

その横《よこ》を軍服《ぐんぷく》を着《き》た半透明《はんとうめい》の軍人《ぐんじん》たちが廊下《ろうか》を行進《こうしん》していったのです。

「なにを騒《さわ》いでるんだよ？」

じゃっかんおくれてふり返《かえ》ったいとこ二人《ふたり》には、声《こえ》は聞《き》こえたのですが、行進《こうしん》していく兵隊《へいたい》の姿《すがた》は見《み》えなかったそうです。

彼《かれ》は、こんな結論《けつろん》を出《だ》しています。

「実《じつ》は戦死《せんし》している身内《みうち》がいるんですが、お墓参《はかまい》りもせずゲームばかりしていたので、警告《けいこく》なのかなと思《おも》いましたよ」

四谷《よつや》怪談《かいだん》

昔《むかし》の怪談《かいだん》を読《よ》んでみよう！

昔《むかし》から伝《つた》わる、恐《おそ》ろしい怪談《かいだん》『東海道四谷怪談《とうかいどうよつやかいだん》』のストーリーと、四谷怪談《よつやかいだん》にまつわるレポートを紹介《しょうかい》しよう。

『東海道四谷怪談《とうかいどうよつやかいだん》』は、江戸時代後期《えどじだいこうき》、人気歌舞伎俳優《にんきかぶきはいゆう》の三代目尾上菊五郎《さんだいめおのえきくごろう》がお岩《いわ》さんを演《えん》じ、大《だい》ヒットしました。

もっとも恐《おそ》ろしい怪談《かいだん》のひとつ

昔《むかし》から伝《つた》わる有名《ゆうめい》な怪談《かいだん》に『四谷怪談《よつやかいだん》』という話《はなし》があります。この話《はなし》は、実際《じっさい》に江戸時代《えどじだい》にいた、お岩《いわ》さんという女性《じょせい》を主人公《しゅじんこう》に作《つく》られました。物語《ものがたり》の内容《ないよう》は、顔《かお》がはれた、恐《おそ》ろしいお化《ば》けとなったお岩《いわ》さんが、復《ふく》しゅうをするというものです。いろいろなストーリーがありますが、もっとも有名《ゆうめい》なのは、鶴屋南北《つるやなんぼく》が書《か》いた『東海道四谷怪談《とうかいどうよつやかいだん》』です。

お岩《いわ》さんは実在《じつざい》の人物《じんぶつ》。お墓《はか》は、東京都豊島区西巣鴨《とうきょうととしまくにしすがも》にある。

旧四谷地区《きゅうよつやちく》にある於岩稲荷田宮神社《おいわいなりたみやじんじゃ》を管理《かんり》する田宮家《たみやけ》の庭《にわ》には、お岩《いわ》さんが使《つか》った井戸《いど》が、今《いま》もある。

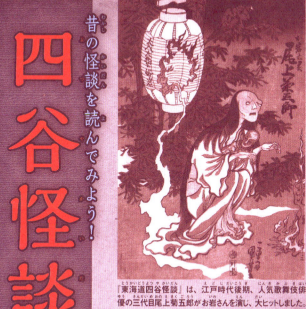

東《とう》海《かい》道《どう》四《よつ》谷《や》怪《かい》談《だん》

鶴《つる》屋《や》南《なん》北《ぼく》・作《さく》

これは江戸時代《えどじだい》のお話《はなし》です。元塩冶藩《もとえんやはん》の藩士《はんし》、四谷左門《よつやさもん》の一人娘《ひとりむすめ》、お岩《いわ》は、実家《じっか》に戻《もど》っていました。それというのも、夫《おっと》である田宮伊右衛門《たみやいえもん》が、藩《はん》の大事《だいじ》な金《かね》を横領《おうりょう》していることがわかったためです。

伊右衛門《いえもん》は、このまま離婚《りこん》したら、自分《じぶん》の悪事《あくじ》が明《あき》らかになり、藩《はん》士《し》の仕事《しごと》も失《うしな》ってしまう、と考《かんが》えました。そして、お岩《いわ》の父親《ちちおや》である左門《さもん》を呼《よ》び出《だ》して、「なんとかお岩《いわ》との離婚《りこん》だけはおゆるしください」と頼《たの》みこみました。

しかし、伊右衛門《いえもん》の悪事《あくじ》は、すでに左門《さもん》の耳《みみ》にもとどいていたのです。

「悪人《あくにん》をむことしてむかえることは出来《でき》ない」

ときっぱりことわられてしまいました。

怒《おこ》った伊右衛門《いえもん》は、刀《かたな》で左門《さもん》をきり殺《ころ》してしまいます。

そこにお岩《いわ》が、帰《かえ》りのおそい父《ちち》を心配《しんぱい》して探《さが》しにやってきたのです。**伊右衛門《いえもん》は、きり殺《ころ》した左門《さもん》の遺体《いたい》を、辻《つじ》ぎり（通行人《つうこうにん》を無差別《むさべつ》に刀《かたな》できること）にあったようにみせかけました。**そして、悲《かな》しむお岩《いわ》に向《む》かって、

「父親《ちちおや》のかたきを取《と》ってやる」

と、自分《じぶん》を信用《しんよう》させます。こうして、二人《ふたり》は再《ふたた》び夫婦《ふうふ》として暮《く》らすことになりました。

さて、田宮家《たみやけ》に戻《もど》ったお岩《いわ》は、伊右衛門《いえもん》との間《あいだ》に子《こ》どもを授《さず》かりました。しかし、お岩《いわ》が体《からだ》をこわし病気《びょうき》がちとなり、伊右衛門《いえもん》はしだいに気持《きも》ちが離《はな》れていきます。

そんな伊右衛門《いえもん》に、伊藤喜兵衛《いとうきへえ》というお侍《さむらい》の孫《まご》、**お梅《うめ》が恋心《こいごころ》をいだきます。**喜兵衛《きへえ》は伊右衛門《いえもん》を自分《じぶん》の家《いえ》へ呼《よ》び、「むこに来《き》てくれないか」と頼《たの》みます。喜兵衛《きへえ》は、当時名門《とうじめいもん》と言《い》われた高家《こうけ》の家臣《かしん》でした。伊右衛門《いえもん》は高家《こうけ》

への士官《しかん》を条件《じょうけん》に、お梅《うめ》と結婚《けっこん》することを了解《りょうかい》しました。

しかし、一《ひと》つ障害《しょうがい》がありました。それは妻《つま》であるお岩《いわ》の存在《そんざい》です。伊右衛門《いえもん》はあんま（マッサージ師《し》）の宅悦《たくえつ》に、「体《からだ》が弱《よわ》っているお岩《いわ》に、薬《くすり》を与《あた》え治療《ちりょう》してくれ」と頼《たの》みます。**お岩《いわ》が、自分《じぶん》のいないときに男《おとこ》を連《つ》れ込《こ》み浮気《うわき》したことにして、離婚《りこん》するつもりだったのです。**

何《なに》も知《し》らないお岩《いわ》は、素直《すなお》に宅悦《たくえつ》を家《いえ》に入《い》れ、渡《わた》された薬《くすり》を飲《の》みました。しかし、その薬《くすり》は、毒薬《どくやく》だったのです。

顔《かお》が焼《や》けるように痛《いた》み、苦《くる》しむお岩《いわ》が、頭《あたま》をかきむしると、血《ち》と一緒《いっしょ》に黒髪《くろかみ》がずるずるとぬけます。お岩《いわ》の顔《かお》は、半分《はんぶん》がみにくくずれ、ざんばら髪《がみ》が所《ところ》どころぬけた恐《おそ》ろしい様相《ようそう》に変《か》わってしまいました。恐《おそ》れをなした宅悦《たくえつ》は、お岩《いわ》に本当《ほんとう》の事《こと》を話《はな》します。真実《しんじつ》を知《し》ったお岩《いわ》は、なげき悲《かな》しみ、毒《どく》の苦《くる》しみにのたうち回《まわ》り、かたわらにあった小刀《こがたな》がのどに刺《さ》さって、死《し》んでしまいました。

伊右衛門《いえもん》は、予定《よてい》とはちがったものの、お岩《いわ》が死《し》んだことで、お梅《うめ》と結婚《けっこん》できることに喜《よろこ》びます。そして、**お岩《いわ》の死体《したい》と、男《おとこ》の死体《したい》を、戸板《といた》にくくりつけて、**

川《かわ》に流《なが》しました。当時《とうじ》の不倫《ふりん》をした男女《だんじょ》を罰《ばっ》する方法《ほうほう》に見《み》せかけて、死体《したい》を処分《しょぶん》したのです。

こうして伊右衛門《いえもん》は、伊東家《いとうけ》のむことなりました。婚礼《こんれい》の日《ひ》の夜《よる》、屋敷《やしき》の中《なか》に白《しろ》いものが……。それは、死《し》んだはずのお岩《いわ》でした。顔《かお》がみにくくずれ、ざんばら髪《がみ》を振《ふ》り乱《みだ》した、死《し》んだときと同《おな》じ姿《すがた》でお岩《いわ》はうらめしげに伊右衛門《いえもん》の方《ほう》をにらみつけると、低《ひく》く恐《おそ》ろしい声《こえ》でささやきました。

「父《ちち》だけでなく、私《わたし》をも手《て》にかけるとは……。お前《まえ》だけ幸《しあわ》せになぞさせるものか」

そして、お岩《いわ》の幽霊《ゆうれい》は、狂《くる》ったような笑《わら》い声《ごえ》とともに、消《き》えては、現《あらわ》れるをくり返《かえ》します。となりにいた、お梅《うめ》や喜兵衛《きへえ》は、お岩《いわ》の姿《すがた》が見《み》えず、とまどい恐《おそ》れるばかりでした。

「おのれお岩《いわ》め、血迷《ちまよ》ったか！」

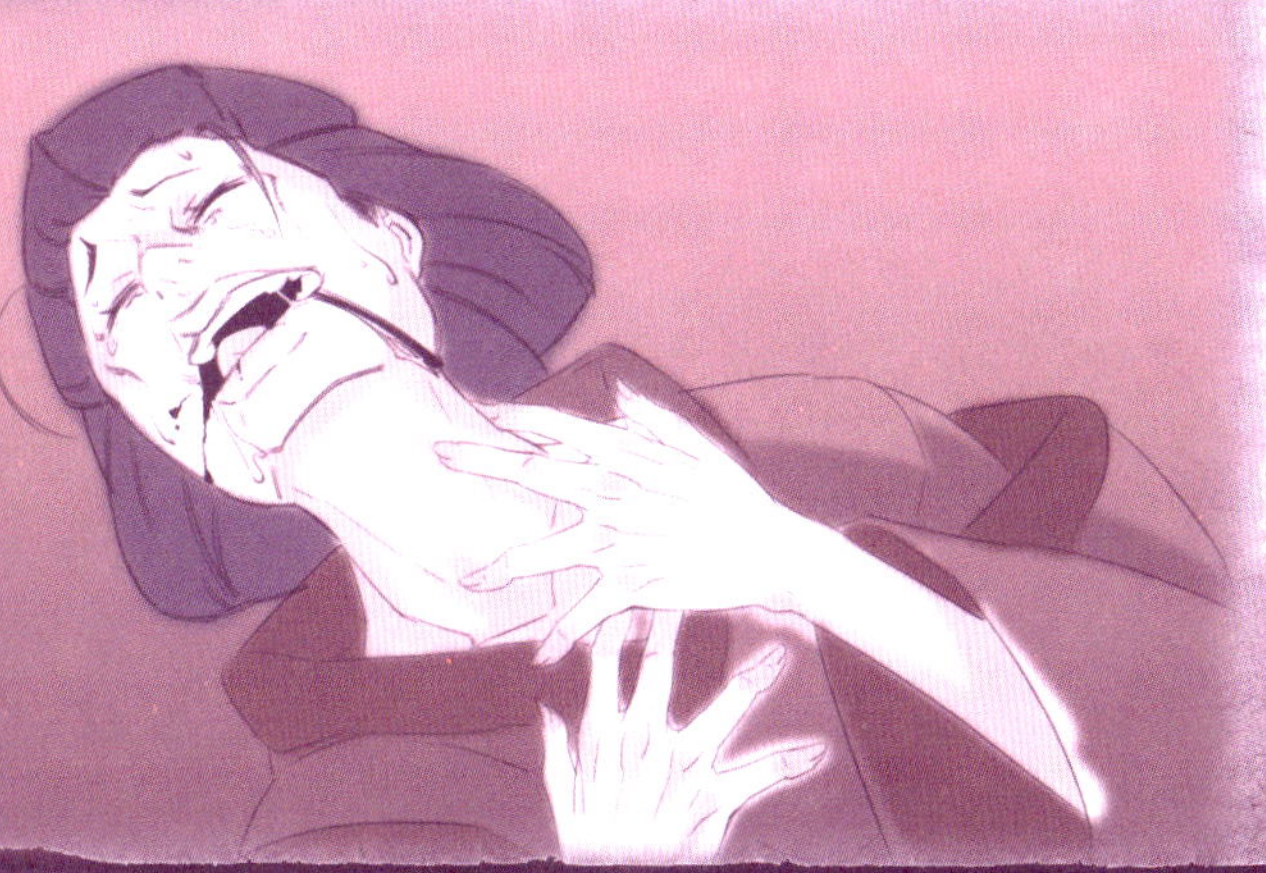

伊右衛門《いえもん》は、お岩《いわ》の顔《かお》を目《め》がけ、刀《かたな》をふりかぶってきりすてます。

ギャァァァァァー…!!

大《おお》きな悲鳴《ひめい》が上《あ》がり、お岩《いわ》の姿《すがた》がすーっと消《き》えました。しかし、お岩《いわ》の顔《かお》の下《した》から現《あらわ》れたのは、お梅《うめ》の顔《かお》でした。

伊右衛門《いえもん》は、お梅《うめ》をきり殺《ころ》してしまったのです。

反狂乱《はんきょうらん》になった伊右衛門《いえもん》は、喜兵衛《きへい》をも殺害《さつがい》し、その場《ば》を逃《に》げ出《だ》します。

伊右衛門《いえもん》が、山《やま》にこもって坊主《ぼうず》に祈祷《きとう》をしてもらっていると、**提灯《ちょうちん》の中《なか》から赤《あか》ん坊《ぼう》をかかえたお岩《いわ》の幽霊《ゆうれい》が現《あらわ》れます。**

伊右衛門《いえもん》は、たくさんのネズミにおそわれ、最後《さいご》は、復《ふく》しゅうにやってきたお岩《いわ》の妹《いもうと》の夫《おっと》に、刀《かたな》できられて命《いのち》を落《お》とします。

日本の怪談《かいだん》スポットめぐり 四谷怪談編《よつやかいだんへん》

東京都《とうきょうと》にある四谷怪談《よつやかいだん》ゆかりのスポットを紹介《しょうかい》する。これは私《わたし》の部下《ぶか》による調査《ちょうさ》レポートである。

怪談師《かいだんし》の私《わたし》が、案内《あんない》します！

観雪《みゆき》しぐれ

山口敏太郎《やまぐちびんたろう》タートルカンパニー所属《しょぞく》。業界初《ぎょうかいはつ》の「覆面女流怪談師《ふくめんじょりゅうかいだんし》」として浅草《あさくさ》を中心《ちゅうしん》に活躍《かつやく》中《ちゅう》。趣味《しゅみ》は心霊《しんれい》スポットめぐり。

1 妙行寺《みょうぎょうじ》

お岩《いわ》さんのお墓《はか》があるお寺《てら》です。妙行《みょうぎょう》寺《じ》はもともと四谷《よつや》にありましたが、1909（明治《めいじ》42）年《ねん》に西巣鴨《にしすがも》に移転《いてん》し、お岩《いわ》さんのお墓《はか》も一緒《いっしょ》に移転《いてん》しました。そのとき、お墓《はか》からお岩《いわ》さんのクシや鏡《かがみ》が出《で》てきたそうです。

DATA ●住所《じゅうしょ》：東京都豊島区西巣鴨《とうきょうととしまくにしすがも》4-8-28 ●アクセス：都電荒川線新庚申塚駅《とでんあらかわせんしんこうしんづかえき》から徒《と》歩《ほ》3分《ぷん》、都営地下鉄西巣鴨駅《とえいちかてつにしすがもえき》から徒歩《とほ》5分《ふん》

お岩《いわ》さんや四谷怪談《よつやかいだん》をあつかった作品《さくひん》の関係者《かんけいしゃ》がお参《まい》りにくることも多い。

四谷怪談《よつやかいだん》の碑《ひ》があります。ちなみに、妙行寺《みょうぎょうじ》には『忠臣蔵《ちゅうしんぐら》』の浅野内匠頭《あさのたくみのかみ》の奥《おく》さんもねむっている。

お岩《いわ》さんのお墓《はか》。お線香《せんこう》とお花《はな》をそなえてお参《まい》りしました。

神社《じんじゃ》の裏手《うらて》の田宮《たみや》家《け》の庭《にわ》には、お岩《いわ》さんも使《つか》っていた井戸《いど》が今《いま》もある。のぞくとかなり深《ふか》い。

『東海道四谷怪談《とうかいどうよつやかいだん》』などのモデルとなるお岩《いわ》さんが住《す》んでいた場所《ばしょ》にある神社《じんじゃ》。

2 於岩稲荷田宮神社《おいわいなりたみやじんじゃ》（四谷《よつや》）

東京都新宿区《とうきょうとしんじゅくく》の旧四谷地区《きゅうよつやちく》にある神社《じんじゃ》です。宮司《ぐうじ》は『東海道四谷怪談《とうかいどうよつやかいだん》』の伊右衛門《いえもん》のモデルとなった田宮伊右衛門《たみやいえもん》と岩夫婦《いわふうふ》の子孫《しそん》が勤《つと》めています。現在《げんざい》は、初代伊右衛門《しょだいいえもん》から数《かぞ》えて11代《だい》目《め》が宮司《ぐうじ》となっています。

DATA ●住所《じゅうしょ》：東京都新宿区《とうきょうとしんじゅくく》左門町《さもんちょう》17●アクセス：東京《とうきょう》メトロ四谷三丁目駅《よつやさんちょうめえき》から徒歩《とほ》4分《ふん》

通称《つうしょう》「お岩《いわ》さま」の名《な》で親《した》しまれる神社《じんじゃ》。

於岩稲荷《おいわいなり》には、さまざまな願《がん》かけをする人《ひと》が訪《おとず》れる。

手水舎《ちょうずや》には、田宮家《たみやけ》の井戸水《いどみず》が使《つか》われている。

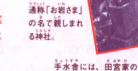

陽運寺《ようううんじ》に
やって
きましたよ！

3 於岩稲荷《おいわいなり》 陽運寺《ようううんじ》

於岩稲荷田宮神社《おいわいなりたみやじんじゃ》のななめ向《む》かいにあるお寺《てら》です。境内《けいだい》には、お岩《いわ》さんゆかりの井戸《いど》やほこら、心願成院《しんがんじょういん》の石《いし》などがあります。月《つき》に1回《かい》「お岩《いわ》さま開運祈願祭《かいうんきがんさい》」が行《おこな》われています。

DATA ●住所《じゅうしょ》：東京都新宿区左門町《とうきょうとしんじゅくくさもんちょう》18 ●アクセス：東京《とうきょう》メトロ四谷三丁目駅《よつやさんちょうめえき》から徒歩《とほ》8分《ふん》

名前《なまえ》の通《とお》り、太陽《たいよう》のように明《あか》るくなり、運《うん》が開《ひら》けるお寺《てら》。

境内《けいだい》にあるお岩《いわ》さまゆかりの井戸《いど》。

休《きゅう》けいできるベンチのそばに、陽運寺《ようううんじ》ゆかりのほこらがある。

本当《ほんとう》のお岩《いわ》さんはどんな人《ひと》？

『東海道四谷怪談《とうかいどうよつやかいだん》』のお岩《いわ》さんと伊右工門《いえもん》（歌川国芳《うたがわくによし》の作《さく》）。この作品《さくひん》で怖《こわ》いイメージがついてしまった。

本当《ほんとう》のお岩《いわ》さんは、田宮伊右工門《たみやいえもん》と結婚《けっこん》し、夫婦仲《ふうふなか》はとてもよかったといいます。田宮家《たみやけ》は格式《かくしき》は高《たか》かったものの貧乏《びんぼう》でした。そこでお岩《いわ》さんは、自分《じぶん》が奉公《ほうこう》に出《で》て働《はたら》き、田宮家《たみやけ》を立《た》て直《なお》し、武士《ぶし》の妻《つま》の鏡《かがみ》とされました。そのとき、庭《にわ》にあった稲荷《いなり》の社《やしろ》を毎日《まいにち》お参《まい》りしたことで、お家《いえ》の再興《さいこう》ができたといいます。その評判《ひょうばん》が広《ひろ》まって、参拝者《さんぱいしゃ》が後《あと》を絶《た》たず、於岩稲荷田宮神社《おいわいなりたみやじんじゃ》が誕生《たんじょう》しました。

家《いえ》やビルの間《あいだ》にあるよ！

4 於《お》岩《いわ》稲荷《いなり》田《た》宮《みや》神社《じんじゃ》（新川《しんかわ》）

東京都《とうきょうと》中央区《ちゅうおうく》新川《しんかわ》のオフィス街《がい》にある田宮神社《たみやじんじゃ》の分社《ぶんしゃ》です。「四谷怪談《よつやかいだん》」を上演《じょうえん》していた明治時代《めいじじだい》の歌舞伎役《かぶきやく》者《しゃ》から「芝居小屋《しばいごや》に近《ちか》い新川《しんかわ》にも神《じん》社《じゃ》を作《つく》ってほしい」と頼《たの》まれた田宮《たみや》神社《じんじゃ》の宮司《ぐうじ》が建《た》てたものです。

中央区《ちゅうおうく》でも二番《にばん》目《め》に古《ふる》い鳥居《とりい》。

緑豊《みどりゆた》かな境内《けいだい》。都会《とかい》のオアシスのような神社《じんじゃ》。

時《とき》は進《すす》み、近《ちか》くに芝居小屋《しばいごや》はなくなってしまった。

中央区《ちゅうおうく》でもっとも古《ふる》い百度石《ひゃくどいし》。

DATA ●住所《じゅうしょ》：東京都中央区新川《とうきょうとちゅうおうくしんかわ》2-25-11 ●アクセス：JR八丁堀駅《はっちょうぼりえき》から徒歩《とほ》5分《ふん》、東京《とうきょう》メトロ八丁堀駅《はっちょうぼりえき》から徒歩《とほ》7分《ふん》

『東海道四谷怪談《とうかいどうよつやかいだん》』の作者《さくしゃ》、鶴屋南北《つるやなんぼく》。

本当《ほんとう》にたたりが起《お》こるの!?

お岩《いわ》さんの死後《しご》200年《ねん》ほど経《た》った江戸時代後期《えどじだいこうき》、鶴屋南北《つるやなんぼく》が、人《ひと》びとの信仰《しんこう》の厚《あつ》いお岩《いわ》さんをモデルに『東海道四谷怪談《とうかいどうよつやかいだん》』を書《か》き、この歌舞伎《かぶき》が大《だい》ヒットします。もとのお岩《いわ》さんの話《はなし》より、物語《ものがたり》の怖《こわ》いイメージが有名《ゆうめい》になりました。また上演中《じょうえんちゅう》、事故《じこ》にあう人《ひと》が多《おお》く、たたりが起《お》こる、とうわさになります。当時《とうじ》の舞台《ぶたい》は、しかけが多《おお》く、暗《くら》かったことが、その原因《げんいん》と考《かんが》えられます。ただし、それだけでは説明《せつめい》がつかない、不思議《ふしぎ》なこともじっさいに起《お》こっているようです。

妖《よう》怪《かい》のミイラたち

妖怪《ようかい》は、空想《くうそう》の生《い》き物《もの》と決《き》めつけていないだろうか？　ここにで紹介《しょうかい》するのは、ミイラとして残《のこ》されたおどろくべき妖怪《ようかい》の姿《すがた》である！　とくと、ご覧《らん》いただきたい。

鬼《おに》の子どものミイラ

長《なが》い腕《うで》に長《なが》い脚《あし》、耳《みみ》までさけた大《おお》きな口《くち》、そして頭《あたま》に生《は》えた小《こ》ぶりながらも鋭《するど》い立派《りっぱ》な角《つの》。大《おお》きさは全長《ぜんちょう》30センチほどの「鬼《おに》の子《こ》ども」と推測《すいそく》される。このミイラが保管《ほかん》されていたのは大分県《おおいたけん》にある古《こ》刹《さつ》、羅漢寺《らかんじ》。残念《ざんねん》ながら現在《げんざい》、このミイラはない。1943年《ねん》に発《はっ》生《せい》した火事《かじ》で焼《や》け、同時《どうじ》に唯一《ゆいいつ》の資料《しりょう》であった「鬼之記《おにのき》」というミイラの出生《しゅっせい》を記《しる》した資料《しりょう》も消失《しょうしつ》したという。

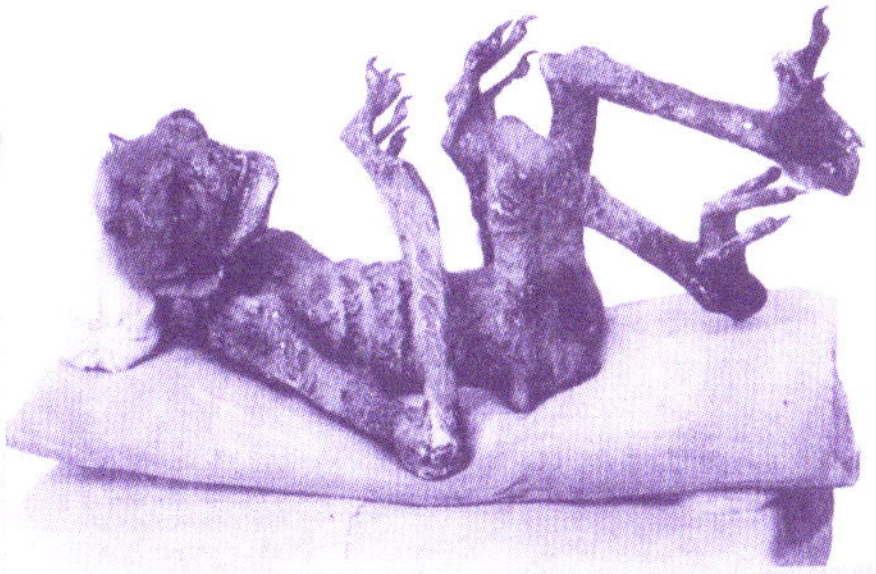

◀現存《げんぞん》していれば、鬼《おに》の出生《しゅっせい》や、なぜミイラにされてしまったのかわかる貴重《きちょう》な資料《しりょう》だっただけに非常《ひじょう》に残念《ざんねん》である。

鬼《おに》の顔《かお》と全身骨格《ぜんしんこっかく》

巨大《きょだい》な顔面《がんめん》、大《おお》きな口《くち》、頭《ず》上《じょう》に伸《の》びる突起物《とっきぶつ》は、まさに我《われ》われのイメージする「鬼《おに》」そのもの。となりに写《うつ》っている女《おんな》の子《こ》との対比《たいひ》から、かなり巨大《きょだい》だったことがわかる。また、実際《じっさい》に鬼《おに》の全身骨格《ぜんしんこっかく》もある。この骸骨《がいこつ》は、背後《はいご》にある物《もの》と比《くら》べると、なみの人間《にんげん》の倍《ばい》はある。頭蓋骨《ずがいこつ》は妙《みょう》に四《し》角《かく》く、頭《あたま》には2本《ほん》の角《つの》らしき突起《とっき》も見《み》える。実《じっ》はこの写《しゃ》真《しん》、かつて大分県別府《おおいたけんべっぷ》の「怪《かい》物館《ぶつかん》」にあったものだ。

河童《かっぱ》のミイラ

水気《みずけ》を失《うしな》い、炭化《たんか》したような黒《くろ》い肌《はだ》に、枯《か》れ枝《えだ》のような手足《てあし》。この怪物《かいぶつ》のミイラは、「河童《かっぱ》のミイラ」とされている。サイズは20センチほどで、

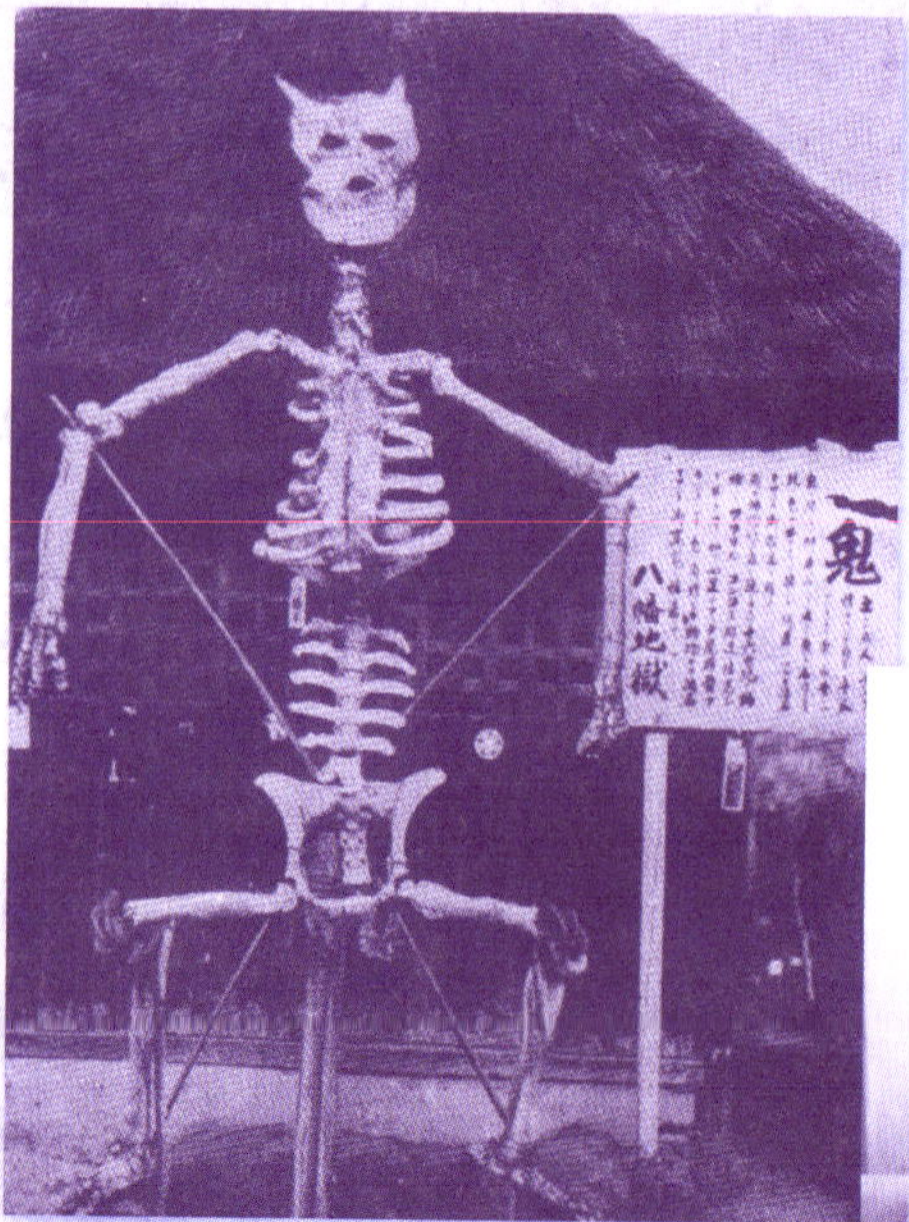

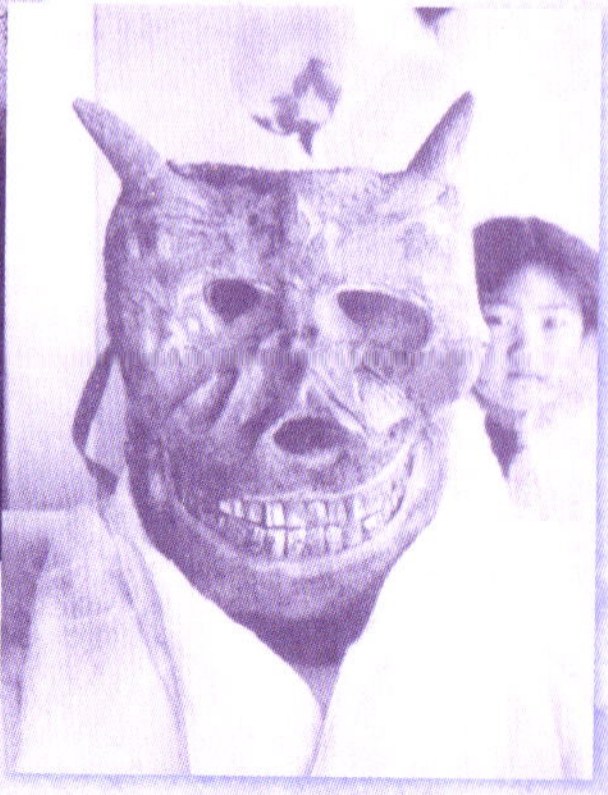

▲▶残念《ざんねん》ながら、怪物館《かいぶつかん》は1963（昭和《しょうわ》38）年頃《ねんごろ》に閉《へい》館《かん》。各種《かくしゅ》の妖怪《ようかい》ミイラは焼却《しょうきゃく》されたが、鬼《おに》の骨《ほね》だけは「何処《どこ》かに残《のこ》っている可能性《かのうせい》がある」といわれる。

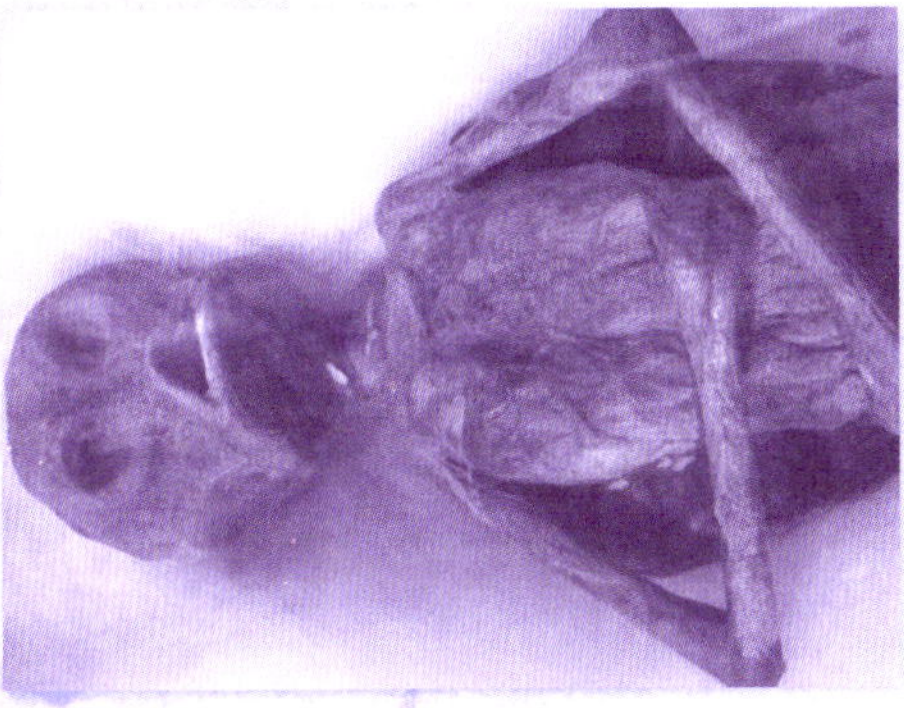

河童《かっぱ》としてもかなり小《ちい》さい。乾燥《かんそう》するとちぢむとはいえ、これほどまでに小《ちい》さくなるのだろうか。このミイラは北陸《ほくりく》地方《ちほう》の民家《みんか》から発見《はっけん》され、現《げん》在《ざい》はお台場《だいば》の「妖怪博物館《ようかいはくぶつかん》」で展示《てんじ》されている。

◀江戸時代《えどじだい》のものを中心《ちゅうしん》に日本《にほん》各地《かくち》で見《み》つかっている。当時《とうじ》の商人達《しょうにんたち》の交易《こうえき》の帳面《ちょうめん》には、『人魚《にんぎょ》』や『河童《かっぱ》』という商品《しょうひん》が輸出《ゆしゅつ》された記録《きろく》が残《のこ》る。

くだんのミイラ

「件《くだん》」は顔《かお》が人間《にんげん》、体《からだ》が牛《うし》という半人半牛《はんじんはんぎゅう》の怪物《かいぶつ》。くだんが誕生《たんじょう》すると大凶事《だいきょうじ》や大《おお》きな事件《じけん》を人間《にんげん》の言葉《ことば》で予言《よげん》すると言《い》われ、古《ふる》くから恐《おそ》れられていた妖怪《ようかい》。１８３６年《ねん》の天保《てんぽう》の大飢饉《だいききん》や、１９３９年《ねん》の第二次世界大戦《だいにじせかいたいせん》を予《よ》言《げん》したとも言《い》われる。ただし、「災《わざわ》いを呼《よ》ぶ」だけでなく、豊作《ほうさく》を予言《よげん》したり、疫病《えきびょう》の流行《りゅうこう》を忠告《ちゅうこく》したり、人間《にんげん》に好意的《こういてき》な妖怪《ようかい》としても知《し》られる。

▲写真《しゃしん》は、かつて大分県別府温泉《おおいたけんべっぷおんせん》にあった「怪物館《かいぶつかん》」の絵葉書《えはがき》から。これに関《かん》しては、人工的《じんこうてき》に作《つく》られた「見世物《みせもの》」で、本物《ほんもの》の妖怪《ようかい》ではなかったとされる。

人魚《にんぎょ》のミイラ

人魚《にんぎょ》というと「マーメイド」のようなきれいな女性《じょせい》のイメージが強《つよ》いが、日本《にほん》に残《のこ》されている人魚《にんぎょ》のミイラは、その多《おお》くが男性《だんせい》の姿《すがた》をしたグロテスクな怪物《かいぶつ》ばかりだ。魚特有《さかなとくゆう》の背《せ》びれ、のっぺりとした頭《あたま》、そして、かすかではあるがウロコのようなものも確認《かくにん》できる。こちらは「人魚保存研究会《にんぎょほぞんけんきゅうかい》」という団体《だんたい》が発行《はっこう》していた人魚《にんぎょ》ミイラの絵葉書《えはがき》の写真《しゃしん》である。

▲▶「人魚保存研究会《にんぎょほぞんけんきゅうかい》」は、人魚《にんぎょ》の正面《しょうめん》と裏面《うらめん》、そして「人魚《にんぎょ》傳説《でんせつ》乃《の》由来《ゆらい》」という取《と》り扱《あつか》い説明書《せつめいしょ》の３枚《まい》セットで販売《はんばい》していた模様《もよう》。

鵺《ぬえ》のミイラ

あなたは「鵺《ぬえ》」という妖怪《ようかい》をご存知《ぞんじ》だろうか？『平家物語《へいけものがたり》』や『源平盛衰記《げんぺいせいすいき》』にも登場《とうじょう》する、複数《ふくすう》の動物《どうぶつ》が合体《がったい》した妖怪《ようかい》である。この写真《しゃしん》は、「怪物館《かいぶつかん》」に展示《てんじ》されていたもの。サルのような顔《かお》、ヘビのような尻尾《しっぽ》、胴体《どうたい》はタヌキかトラかはわからないが、首《くび》のまわりに獣《けもの》の毛《け》のようなものを生《は》やしている。

▲『平家物語《へいけものがたり》』は、サルの頭《あたま》に、タヌキの体《からだ》、ヘビの尾《お》、トラの手足《てあし》。『源平盛衰記《げんぺいせいすいき》』は、サルの頭《あたま》、トラの背中《せなか》、キツネの尾《お》、タヌキの足《あし》という姿《すがた》。この鵺《ぬえ》は『平家物語《へいけものがたり》』系《けい》か？

妖精《ようせい》のミイラ

背中《せなか》に羽《はね》のようなものがある、全長《ぜんちょう》は約《やく》15センチほどの、妖精《ようせい》のミイラとされるものだ。そもそも「妖《よう》精《せい》」は、人間《にんげん》とはちがう世《せ》界《かい》に生息《せいそく》する精霊《せいれい》のこと。各国《かっこく》の伝説《でんせつ》・神話《しんわ》によって解釈《かいしゃく》はちがうが、ほとんどは人間《にんげん》に好意《こうい》を寄《よ》せる存在《そんざい》として描《えが》かれる。捕獲例《ほかくれい》は少《すく》ないが、写真《しゃしん》や見《み》たという証言《しょうげん》は数多《かずおお》く、一概《いちがい》にすべて嘘《うそ》とは言《い》いがたい存在《そんざい》である。

▲この妖精《ようせい》のミイラは、あるネットオークションにて購入《こうにゅう》したもの。解剖及《かいぼうおよ》び研究《けんきゅう》はしていないため本物《ほんもの》の妖精《ようせい》かどうかはわからない。

謎《なぞ》のミイラ

▲宇宙人《うちゅうじん》が地球《ちきゅう》の環境《かんきょう》にたえられず死亡《しぼう》し、しだいに石化《せきか》したものかもしれない。

このミイラは全長《ぜんちょう》は約《やく》15センチほどの手《て》のひらサイズ。入手《にゅうしゅ》したさい、黒《くろ》い重箱《じゅうばこ》に収《おさ》められており、箱《はこ》には「半石化木乃伊《はんせきかみいら》」との記載《きさい》があった。このミイラの正体《しょうたい》であるが、いまのところ正体《しょうたい》は不明《ふめい》である。触《さわ》ってみたところ、非常《ひじょう》に固《かた》いカチカチのボディを持《も》つが、ミイラ独特《どくとく》の死臭《ししゅう》は全《まった》く感《かん》じられず、元《もと》が生物《せいぶつ》だったかどうかもわからない。「分類不明《ぶんるいふめい》、宇宙人《うちゅうじん》らしき生物《せいぶつ》のミイラ」として妖怪博物館《ようかいはくぶつかん》で展示《てんじ》されている。

ジェニー・ハニバー

「海《うみ》のドラゴン」こと「ジェニー・ハニバー」の標本《ひょうほん》である。尖《とが》った頭《あたま》につり上《あ》がった目《め》、唇《くちびる》のある横一文字《よこいちもんじ》の口《くち》にあばらの浮《う》いた胸《むね》、体《からだ》の横《よこ》には薄《うす》い皮膜《ひまく》の翼《つばさ》が生《は》えており、まさに怪物《かいぶつ》としか言《い》い様《よう》のないビジュアル。漁師《りょうし》たちの間《あいだ》では守《まも》り神《がみ》とされ、怪奇《かいき》な外見《がいけん》から多《おお》くの貴《き》族《ぞく》・研究者《けんきゅうしゃ》たちの興味《きょうみ》をひいた。手《て》にはいるのは乾燥標本《かんそうひょうほん》だけなので、生《せい》前《ぜん》はどのような姿《すがた》で、どのような生態《せいたい》なのかは謎《なぞ》だ。

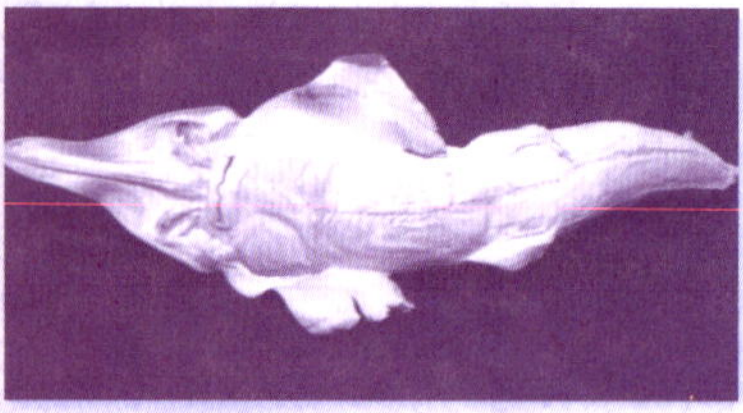

▲この標本自体《ひょうほんじたい》は、ガンギエイの仲間《なかま》サカタザメを加工《かこう》したものと考《かんが》えられる。江戸時《えどじ》代《だい》の日本《にほん》でも作《つく》られていた。

第《だい》6の本棚《ほんだな》
妖《よう》

ねずみ妖《よう》怪《かい》ちゅーせん

熊本県《くまもとけん》　箱《はこ》ミネコさんの体験《たいけん》

これは漫画家《まんがか》の箱《はこ》ミネコさんから聞《き》いた話《はなし》です。

彼女《かのじょ》は中学時代《ちゅうがくじだい》、熊本県内《くまもとけんない》のある学校《がっこう》に通《かよ》っていました。

そこはかなり伝統《でんとう》のある古《ふる》い学校《がっこう》で、百数十年《ひゃくすうじゅうねん》の歴史《れきし》があり、図書館《としょかん》は有名《ゆうめい》な建築《けんちく》家《か》の建《た》てたアンティークな建物《たてもの》でした。

その学校《がっこう》には数《かず》かずの幽霊伝説《ゆうれいでんせつ》が残《のこ》されていました。

「この学校《がっこう》には、兵隊《へいたい》の幽霊《ゆうれい》がいるんだ」「早《はや》く帰《かえ》ろう、幽霊《ゆうれい》が出《で》ちゃうよ」

生徒《せいと》たちは夕方《ゆうがた》になると兵隊《へいたい》の幽霊《ゆうれい》の影《かげ》におびえました。

戦争中《せんそうちゅう》は負傷《ふしょう》している兵隊《へいたい》さんが校舎《こうしゃ》で治療《ちりょう》を受《う》け、無念《むねん》の思《おも》いで亡《な》くなっていったそうで、その幽霊《ゆうれい》が校内《こうない》を徘徊《はいかい》しているといううわさがありました。

「またあのトイレに兵隊《へいたい》さんの幽霊《ゆうれい》がいたよ」

「やばいよね。またあの兵隊《へいたい》さんの幽霊《ゆうれい》が出《で》たんだって？」

ときどき、兵隊《へいたい》さんの幽霊《ゆうれい》がトイレに現《あらわ》れ、苦《くる》しそうな顔《かお》をしてしゃがみこんでいるところを、目撃《もくげき》した生徒《せいと》もたくさんいたようです。

また、あるときは無表情《むひょうじょう》で廊下《ろうか》を歩《ある》いている兵隊《へいたい》の幽霊《ゆうれい》が目撃《もくげき》されました。

カツン、カツン、カツン

薄暗《うすぐら》い廊下《ろうか》に兵隊《へいたい》の足音《あしおと》が響《ひび》きます。

生徒《せいと》がおそるおそるふり返《かえ》ると、そこに無表情《むひょうじょう》の兵隊《へいたい》がたたずんでいるというのです。

またあるときは、兵隊《へいたい》さんの幽霊《ゆうれい》が集団《しゅうだん》で現《あらわ》れたこともあったといいます。

箱《はこ》さんの同級生《どうきゅうせい》の話《はなし》によると、校庭《こうてい》にたくさんの兵《へい》隊《たい》の幽霊《ゆうれい》が整列《せいれつ》していたというのです。

「ええっ、兵隊《へいたい》の幽霊《ゆうれい》がたくさんいたの？」

青《あお》ざめた顔《かお》で話《はな》す友人《ゆうじん》に向《む》かって彼女《かのじょ》は聞《き》き返《かえ》しました。

「本当《ほんとう》よ！　校庭《こうてい》に入《はい》りきれないぐらい、たくさんの兵隊《へいたい》さんの幽霊《ゆうれい》がいたのよ！」

同級生《どうきゅうせい》は涙《なみだ》ながらに箱《はこ》さんに話《はな》しました。校庭《こうてい》に集《あつ》まった兵隊《へいたい》の幽霊《ゆうれい》たちは何《なに》を思《おも》い、何《なに》をしようとしていたのでしょうか？

戦争《せんそう》が終《お》わって数十年《すうじゅうねん》、今《いま》も兵隊《へいたい》の幽霊《ゆうれい》は熊本《くまもと》の中学校《ちゅうがっこう》でさまよっているようです。

その中学校《ちゅうがっこう》では、図書館《としょかん》に妖怪《ようかい》がいるといううわさもありました。その妖怪《ようかい》の名前《なまえ》は『ちゅーそん』。生徒《せいと》たちはその妖怪《ようかい》の存在《そんざい》を恐《おそ》れていたそうです。

「図書館《としょかん》に一人《ひとり》で行《い》ってはだめだぞ」

「え？　なんでですか、先生《せんせい》？」

「妖怪《ようかい》に引《ひ》きずり込《こ》まれるからだ。決《けっ》して一人《ひとり》で行《い》ってはダメだ！」

こんな会話《かいわ》が何度《なんど》もかわされたといいます。

巨大《きょだい》なネズミの妖怪《ようかい》『ちゅーそん』は、図書館《としょかん》の床下《ゆかした》に住《す》んでいると言《い》われており、その変《か》わった名前《なまえ》はネズミの鳴《な》き声《ごえ》である「ちゅー」からきたとも、この妖怪《ようかい》を見《み》つけた先生《せんせい》の名前《なまえ》が中村先生《なかむらせんせい》で、それを音読《おんよ》みしたから「ちゅーそん」という名前《なまえ》が付《つ》けられたとも考《かんが》えられていました。

あるとき、箱《はこ》さんが図書館《としょかん》で本《ほん》を読《よ》んでいると、先生《せんせい》が血相《けっそう》を変《か》えやって来《き》ました。

「おい、大丈夫《だいじょうぶ》か！」

先生《せんせい》の顔面《がんめん》は青《あお》ざめています。

「えっ、先生《せんせい》どうしたんですか？」

先生《せんせい》の表情《ひょうじょう》に彼女《かのじょ》はおどろきました。

「何《なに》を言《い》ってるんだ、こんな夕《ゆう》ぐれどきに図書館《としょかん》に一人《ひとり》でいるなんて。ちゅーそんにさらわれるかもしれないだろ!?」

先生《せんせい》はまじめな顔《かお》でそう言《い》いました。

「え、ちゅーそんってあのネズミの妖怪《ようかい》ですか？」

「そうだ、先生《せんせい》は何度《なんど》も見《み》たことがあるぞ」

「先生《せんせい》も見《み》たことがあるんですか?」

「あるよ。アレは危険《きけん》な妖怪《ようかい》だ。決《けっ》して夕《ゆう》ぐれどきに一人《ひとり》で図書館《としょかん》に行《い》ってはいけないんだ」こんなやりとりが実際《じっさい》にあったそうです。

同《おな》じ中学《ちゅうがく》に通《かよ》う彼女《かのじょ》のお兄《にい》さんも何度《なんど》か『ちゅーそん』を目撃《もくげき》したといいます。

「お兄《にい》ちゃん、その話《はなし》って本当《ほんとう》なの?」

「あぁ、本当《ほんとう》さ、オレは見《み》たよ。あれはまちがいなく巨大《きょだい》なねずみ妖怪《ようかい》だ」

お兄《にい》さんの話《はなし》によると、巨大《きょだい》なネズミが床下《ゆかした》にそ〜っと入《はい》っていく姿《すがた》を何度《なんど》も目撃《もくげき》したといいます。その姿《すがた》はまるで、中型犬《ちゅうがたけん》ほどのサイズで全身《ぜんしん》にびっしりと黒《くろ》い毛《け》が生《は》えていて、顔《かお》はネズミそのものだったと言《い》います。

『ちゅーそん』は今《いま》も熊本《くまもと》のその中学校《ちゅうがっこう》の図書館《としょかん》の床下《ゆかした》で生《い》きているのでしょうか。

大《おお》みそかの烏天狗《からすてんぐ》

千葉県《ちばけん》　Tさんの体験《たいけん》

東京都内《とうきょうとない》に住《す》むある男性《だんせい》が、子《こ》どものころに体験《たいけん》した話《はなし》です。

「この体験《たいけん》なんですが、誰《だれ》も信《しん》じてくれないんですよ」

「なぜですか？　僕《ぼく》は信《しん》じますよ」

僕《ぼく》は力強《ちからづよ》く答《こた》えました。

「だって、僕《ぼく》は天狗《てんぐ》を見《み》たんです」

彼《かれ》はそう言《い》いました。

「天狗《てんぐ》ですか？　山《やま》で見《み》たんですか」

「山《やま》じゃないんです。自宅《じたく》なんですよ」

「自宅《じたく》、自宅《じたく》で天狗《てんぐ》を？」

彼《かれ》の話《はなし》を聞《き》いて僕《ぼく》はとび上《あ》がるほどおどろきました。

彼《かれ》がおそらく幼稚園《ようちえん》から小学校低学年《しょうがっこうていがくねん》ぐらいのころで、千葉県《ちばけん》に住《す》んでいたころの話《はなし》でした。大《おお》みそかからいよいよ新年《しんねん》をむかえる、年《とし》をまたごうとするその瞬間《しゅんかん》に、急《きゅう》に玄関《げんかん》のインターホンが鳴《な》りました。

お客様《きゃくさま》かと思《おも》った彼《かれ》と、一《ひと》つ下《した》の妹《いもうと》はお出《で》むかえしようと玄関《げんかん》の方《ほう》へ出《で》ました。

「はぁーい」

日付《ひづけ》が変《か》わる真夜中《まよなか》ごろですから、部屋《へや》の外《そと》も、玄関《げんかん》から見《み》える外《そと》も真《ま》っ暗《くら》です。

（お客《きゃく》さんだったら、お年玉《としだま》をくれるかな？）

そんな期待《きたい》も持《も》ちながら玄関《げんかん》に向《む》かいました。

「ええっ!?」

ですが、玄関《げんかん》の外《そと》に立《た》っていたのは不思議《ふしぎ》なすがたの人物《じんぶつ》でした。

「だっ、誰《だれ》!?」

姿《すがた》と言《い》っても、真夜中《まよなか》なのと逆光《ぎゃっこう》になっていてはっきりとした顔《かお》や姿《すがた》はわかりません。しかし、非常《ひじょう》に奇妙《きみょう》なシルエットをしていたのをおぼえているそうです。

その人《ひと》は手《て》が何本《なんぼん》もあり、両手《りょうて》を広《ひろ》げたようなポーズをしていて、背中《せなか》いっぱいにキラキラ光《ひか》る円形状《えんけいじょう》のものを背負《せお》っていたのです。そして、その顔《かお》は人間《にんげん》ではなく、黒《くろ》くてくちばしのあるカラスそのもの、妖怪《ようかい》の烏天狗《からすてんぐ》にそっくりだったといいます。

天狗《てんぐ》さま？

初《はじ》めあっけにとられましたが、大《おお》みそかの不思議《ふしぎ》なお客様《きゃくさま》によろこんだのか、二人《ふたり》してキャッキャとはしゃぎました。しかし、彼《かれ》の記憶《きおく》はそこまでしかないそうです。

「あれが僕《ぼく》が天狗《てんぐ》に関《かん》して調《しら》べるようになったきっかけでした」

以来《いらい》、彼《かれ》は天狗《てんぐ》に関《かん》して多《おお》くの本《ほん》を読《よ》み、今《いま》も天狗伝説《てんぐでんせつ》のある場所《ばしょ》を訪《たず》ね歩《ある》いているそうです。

「なんで、大《おお》みそかに天狗《てんぐ》さまがわが家《や》に来《き》たのかわからないのです」彼《かれ》はそう言《い》いました。

不思議《ふしぎ》なことに、一緒《いっしょ》にいたはずの妹《いもうと》は、あの不思議《ふしぎ》な人物《じんぶつ》を見《み》た体験《たいけん》をすっかり忘《わす》れてしまっていたのだそうです。

銀色《ぎんいろ》の巨人《きょじん》

徳島県《とくしまけん》 山口敏太郎《やまぐちびんたろう》の体験《たいけん》

これは僕《ぼく》の体験《たいけん》です。

僕《ぼく》は徳島県徳島市《とくしまけんとくしまし》で生《う》まれ育《そだ》ったのですが、市《し》の真《ま》ん中《なか》に、眉山《びざん》という象徴的《しょうちょうてき》な山《やま》があります。大《おお》きな眉《まゆ》の形《かたち》をしている山《やま》です。そのふもとに秋葉神社《あきばじんじゃ》という神社《じんじゃ》があり、子《こ》どものころは、はとこや弟《おとうと》と、よくその神社《じんじゃ》で遊《あそ》んでいました。

ある年《とし》の夏《なつ》、僕《ぼく》がまだ9歳《さい》から10歳《さい》ごろの記憶《きおく》です。3つ下《した》の弟《おとうと》と1歳上《さいうえ》のはとこと3人《にん》で、神社《じんじゃ》で遊《あそ》んでいました。

すると、何《なに》やら奇妙《きみょう》な男《おとこ》が、神社《じんじゃ》の境内《けいだい》をうろついていました。

鳥居《とりい》の高《たか》さとほぼ一緒《いっしょ》ぐらいですから、身長《しんちょう》2メートルは超《こ》えているでしょう。そして全身銀色《ぜんしんぎんいろ》のタイツ、手《て》には四角《しかく》い金属《きんぞく》の箱《はこ》を持《も》っています。

「あっ、あの男《おとこ》なんだろう?」

僕《ぼく》の言葉《ことば》にはとこが反応《はんのう》しました。

「おかしいよね、何《なに》か探《さが》しているみたいだよね、犯罪者《はんざいしゃ》かもね」

はとこの言葉《ことば》に僕《ぼく》はびっくりしました。

「たしかにそうだ。少年探偵団《しょうねんたんていだん》みたいにようすをうかがい、おまわりさんを呼《よ》ぼう」

この言葉《ことば》にはとこと弟《おとうと》も同意《どうい》し、岩《いわ》かげに身《み》をひそめ、その銀色《ぎんいろ》の巨人《きょじん》を観察《かんさつ》することにしました。男《おとこ》はちょこまかと動《うご》きまわり、何《なに》やら撮影《さつえい》しているのか計測《けいそく》しているのか、四角《しかく》い箱《はこ》を持《も》っていそがしく歩《ある》きまわっています。

じっと見《み》ていたのですが、いちばん年少《ねんしょう》だった弟《おとうと》が、恐怖《きょうふ》にたえきれず思《おも》わず声《こえ》を上《あ》げてしまったのです。

「うわー!」

「何《なん》だよ、悲鳴《ひめい》をあげちゃだめじゃないか」

「ほんとだよ、見《み》つかっちゃう」

僕《ぼく》とはとこは、弟《おとうと》をおさえようとしましたが、怖《こわ》くてがまんできなかった弟《おとうと》は、大声《おおごえ》を上《あ》げて泣《な》き叫《さけ》んでいます。

すると銀色《ぎんいろ》の男《おとこ》はこちらに向《む》き直《なお》り、

つか、つか……

箱《はこ》を持《も》ったまま大《おお》またで歩《ある》いてきました。
「ああ、見《み》つかっちゃった。うわー、怖《こわ》い、あいつが悪《わる》い人《ひと》だったら僕《ぼく》ら殺《ころ》されちゃう」
そう僕《ぼく》が思《おも》った瞬間《しゅんかん》、記憶《きおく》がとだえました。
実《じっ》を言《い》うと、僕《ぼく》の記憶《きおく》はここまでなのです。

そのあと自分《じぶん》がどうなったのかは分《わ》かりません。

完全《かんぜん》に記憶《きおく》が欠落《けつらく》しているのです。

大人《おとな》になるにつれ、あれは子《こ》どものころの作《つく》られた記憶《きおく》で、夢《ゆめ》を現実《げんじつ》だと思《おも》い込《こ》んだ記憶《きおく》だと思《おも》うようになりました。

ですが、30歳《さい》を超《こ》えたあるとき、じょうだんで弟《おとうと》にこんな話《はなし》をしたのです。

「実《じつ》はさあ、夢《ゆめ》だと思《おも》うんだけど秋葉神社《あきばじんじゃ》で2m位《くらい》ある巨人《きょじん》を見《み》た記憶《きおく》があってさぁ」

そう言《い》うと、弟《おとうと》は真顔《まがお》でこういったのです。

「あ、オレもおぼえてるよ。兄《にい》ちゃんとはとこのNくんと一緒《いっしょ》に妖怪《ようかい》を見《み》たんだろ。そしたら僕《ぼく》が声《こえ》をあげちゃってさぁ、その男《おとこ》がずんずん近《ちか》づいてきたんだよ」

「え、なんでおぼえてんの?」と僕《ぼく》は聞《き》きなおしました。

「だって、本当《ほんとう》にあったことじゃん」

そう、夢《ゆめ》ではなく、本当《ほんとう》にあったことだったのです。

ですが、弟《おとうと》もまた、巨人《きょじん》が近《ちか》づいてきた後《あと》、どうなったのか――全《まった》くおぼえていないのです。

ピピピ、ピピピ

長野県《ながのけん》　宇和原《うわはら》わこさんの体験《たいけん》

長野県《ながのけん》に宇和原《うわはら》わこさんという方《かた》がいます。彼女《かのじょ》は元《もと》もとラジオのパーソナリティをやっていた女性《じょせい》ですが、何度《なんど》もＵＦＯを目撃《もくげき》しています。しかも、数十回《すうじゅっかい》も宇宙人《うちゅうじん》にさらわれているというのです。

「そのさらわれたときに、口《くち》の中《なか》に何《なに》かをうめ込《こ》まれたの」

「うめ込《こ》まれた⁉　機械《きかい》か何《なに》かですか？」

「発信機《はっしんき》ね。それ以来《いらい》、宇宙人《うちゅうじん》からのテレパシーが聞《き》こえるようになったのね」

彼女《かのじょ》の話《はなし》によると、友好的《ゆうこうてき》な宇宙人《うちゅうじん》ではあったが、あるとき口《くち》の中《なか》に小《ちい》さな機械《きかい》をうめ込《こ》まれ、それ以来《いらい》宇宙人《うちゅうじん》からの呼《よ》びかけが聞《き》こえるようになったというのです。

しかし、口《くち》の中《なか》に異物《いぶつ》があることに恐怖《きょうふ》を感《かん》じた彼女《かのじょ》が、鏡《かがみ》の前《まえ》で口《くち》の中《なか》をのぞいてみると、そこには異常《いじょう》なものがありました。

「そこにね。小《ちい》さな目玉《めだま》があったの」

「発信機《はっしんき》が目玉《めだま》の形《かたち》だったんですか？」「そうよ。大《おお》きさは米《こめ》つぶぐらいだけど、じろりとこちらをその目玉《めだま》が見《み》たんで、目《め》が合《あ》っちゃったのよ」

病院《びょういん》に行《い》くと医者《いしゃ》はその物体《ぶったい》を見《み》るなり、首《くび》をかしげこう言《い》ったそうです。

「なんだろう。初《はじ》めて見《み》るけど」

その後《あと》、薬《くすり》をぬったところ、その奇妙《きみょう》な目玉《めだま》は消《き》えてしまいました。

他《ほか》にも宇宙人《うちゅうじん》にさらわれたという人《ひと》はいます。名古屋《なごや》のTさんは子供《こども》のころ、宇宙《うちゅう》人《じん》に連《つ》れさられる体験《たいけん》を夢《ゆめ》の中《なか》でしました。

「あれは、僕《ぼく》の消《け》された記憶《きおく》だと思《おも》います」

その出来事《できごと》があまりにもリアルであり、Tさんは現実《げんじつ》にあったものだと思《おも》っていると言《い》っていました。夢《ゆめ》の中《なか》でTさんは手足《てあし》をしばられており、周囲《しゅうい》ではグレイタイプの宇宙人《うちゅうじん》が徘徊《はいかい》していまし

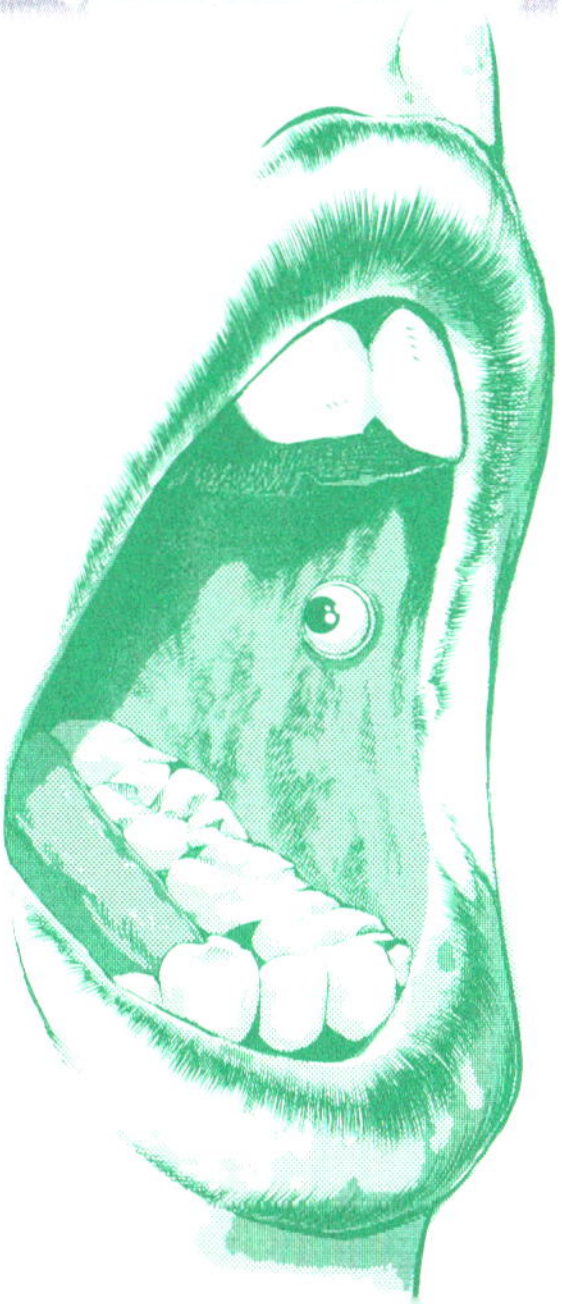

た。宇宙人《うちゅうじん》は意味不明《いみふめい》の、**「ピピピ、ピピピ」**という言葉《ことば》を発《はっ》していました。

Tさんがいくら、「止《や》めてくれ」と叫《さけ》んでも、宇宙《うちゅう》人《じん》たちは気《き》にもとめないのです。

やめて、やめて、やめて!!!

最後《さいご》は自分《じぶん》の絶叫《ぜっきょう》で目《め》がさめました。この悪夢《あくむ》以来《いらい》、不思議《ふしぎ》なことがあるそうです。

Tさんの彼女《かのじょ》の証言《しょうげん》によると、目《め》ざめるときにTさんは、「ピピピ」とか不思議《ふしぎ》な言葉《ことば》をしゃべるらしく、目《め》がさめてもしばらくその謎《なぞ》の言葉《ことば》をしゃべることがあるそうです。

あるときなど睡眠中《すいみんちゅう》にもかかわらず、ロボットのような声《こえ》でこんなことを言《い》いました。

「ピピピ、リ・ヨ・ウ・カ・イ」

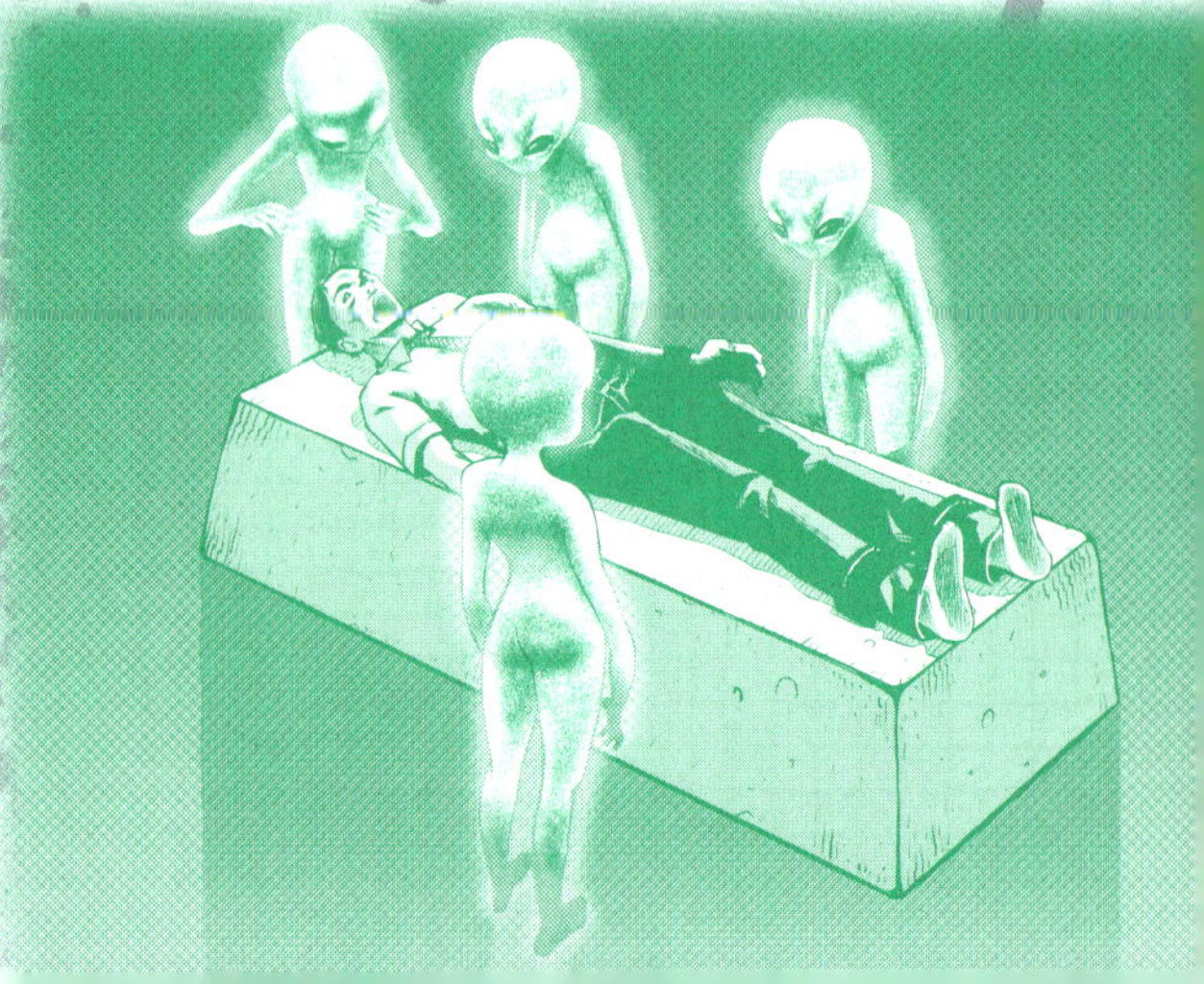

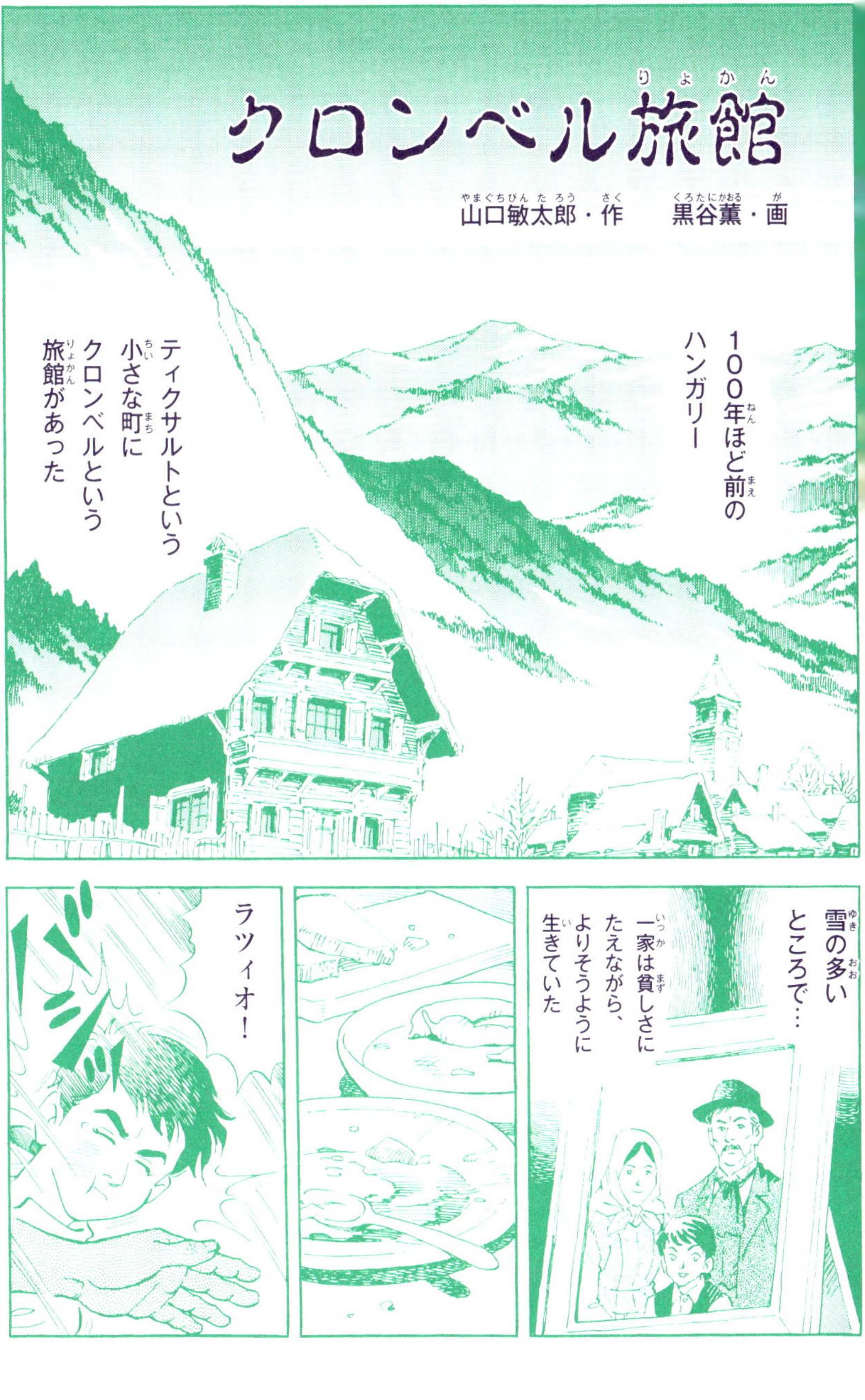
クロンベル旅館《りょかん》
山口敏太郎《やまぐちびんたろう》・作《さく》
黒谷薫《くろたにかおる》・画《が》
100年《ねん》ほど前《まえ》の
ハンガリー
ティクサルトという
小《ちい》さな町《まち》に
クロンベルという
旅館《りょかん》があった
雪《ゆき》の多《おお》い
ところで…
一家《いっか》は貧《まず》しさに
たえながら、
よりそうように
生《い》きていた
ラツィオ！

お客《きゃく》さまの食事《しょくじ》に手《て》をつけるなんてなんて浅《あさ》ましいことを！

一週間《いっしゅうかん》もパンのひとかけだって食《た》べてないんだ。スープにイモのつるさえ入《はい》ってないじゃないか！

なんてガキだ！こんなことが世間《せけん》に知《し》れてみろ。客《きゃく》なんか一人《ひとり》も来《こ》なくなるぞ！

もうしわけありません。どうか、この事《こと》はだれにも言《い》わないでください…

宿賃《やどちん》ははらわんからな
酒《さけ》だ。酒《さけ》を持《も》って来《こ》い！

その夜《よる》ラツィオのすがたが旅館《りょかん》から消《き》えた…

ラツィオ ラツィオ！

ビュ

ウィ～ッ
ヒック
酒《さけ》だ！
もっと酒《さけ》を持《も》って来《こ》い！
あっ！
しっ
死《し》んでる……
このお金《かね》さえあれば…ラツィオが家出《いえで》することもなかったのに…
町長《ちょうちょう》に知《し》らせないと…
この旅館《りょかん》で死人《しにん》が出《で》たと知《し》れたら客《きゃく》なんか誰《だれ》も泊《と》まりに来《こ》なくなるよ…

借金《しゃっきん》をはらわないと。もう、付《つ》けじゃあ何《なに》も売《う》ってもらえないし…
……
ひとまずこれを地下室《ちかしつ》へかくそうよ…
それから一カ月《いっかげつ》たったがだれも彼《かれ》らをあやしまなかった
付近《ふきん》は山《やま》もけわしく、オオカミもいたため、旅人《たびびと》が行方不明《ゆくえふめい》になっても不思議《ふしぎ》ではなかったのだ
もうお客《きゃく》に出《だ》す食事《しょくじ》の材料《ざいりょう》がなくなった
あのお金《かね》もとっくに使《つか》ってしまったし…
……
地下室《ちかしつ》のあれがあるじゃないか

エッ！
あっ　あれをか…
あれもなくなったら……
旅人《たびびと》が行方不明《ゆくえふめい》になることはよくあるよ
しかし…どうやって？
ストリキニーネを買《か》っといたよ
これをワインにまぜてのませればいいんだよ
だけど…それは人殺《ひとごろ》しじゃないか…
だから何《なん》だい。それとも、二人《ふたり》で首《くび》をくくるかい…
あたしたちが死《し》ぬか、赤《あか》の他人《たにん》が死《し》ぬかなんだよ
どっちがいいんだい
こうやって十年《じゅうねん》の月日《つきひ》が流《なが》れた…

何人《なんにん》もの旅人《たびびと》が消《き》えたが、遺体《いたい》が見《み》つかることはなかった
ガラガラ
ガラガラ
着《つ》きやしたぜ こちらがクロンベル旅館《りょかん》でさあ
二《に》、三日《さんにち》泊《と》めてもらうよ
土地《とち》の売《う》り買《か》いをやっていてね。このあたりに別荘《べっそう》でもと思《おも》っているんだ

こんなにチップを…
久《ひさ》しぶりのいい客《きゃく》だな
たんまり持《も》ってるよ…
そまつな料理《りょうり》でお口《くち》に合《あ》いますかどうか…？
どうぞワインを…
ゴクゴクッ
とてもおいしかったひさしぶりの家庭料理《かていりょうり》だった
それはようございました
ずいぶん変《か》わったから分《わ》からないかい…
ぼくだよ…

エッ？
ゲッ⁉
かっ、…かあ……さ……
どうしたんだ…？もう死《し》んでるよ
そんなにあわてて荷物《にもつ》を調《しら》べなくても
うわあっ
ラツィオ！
私《わたし》のかわいい子《こ》ラツィオ〜ッ

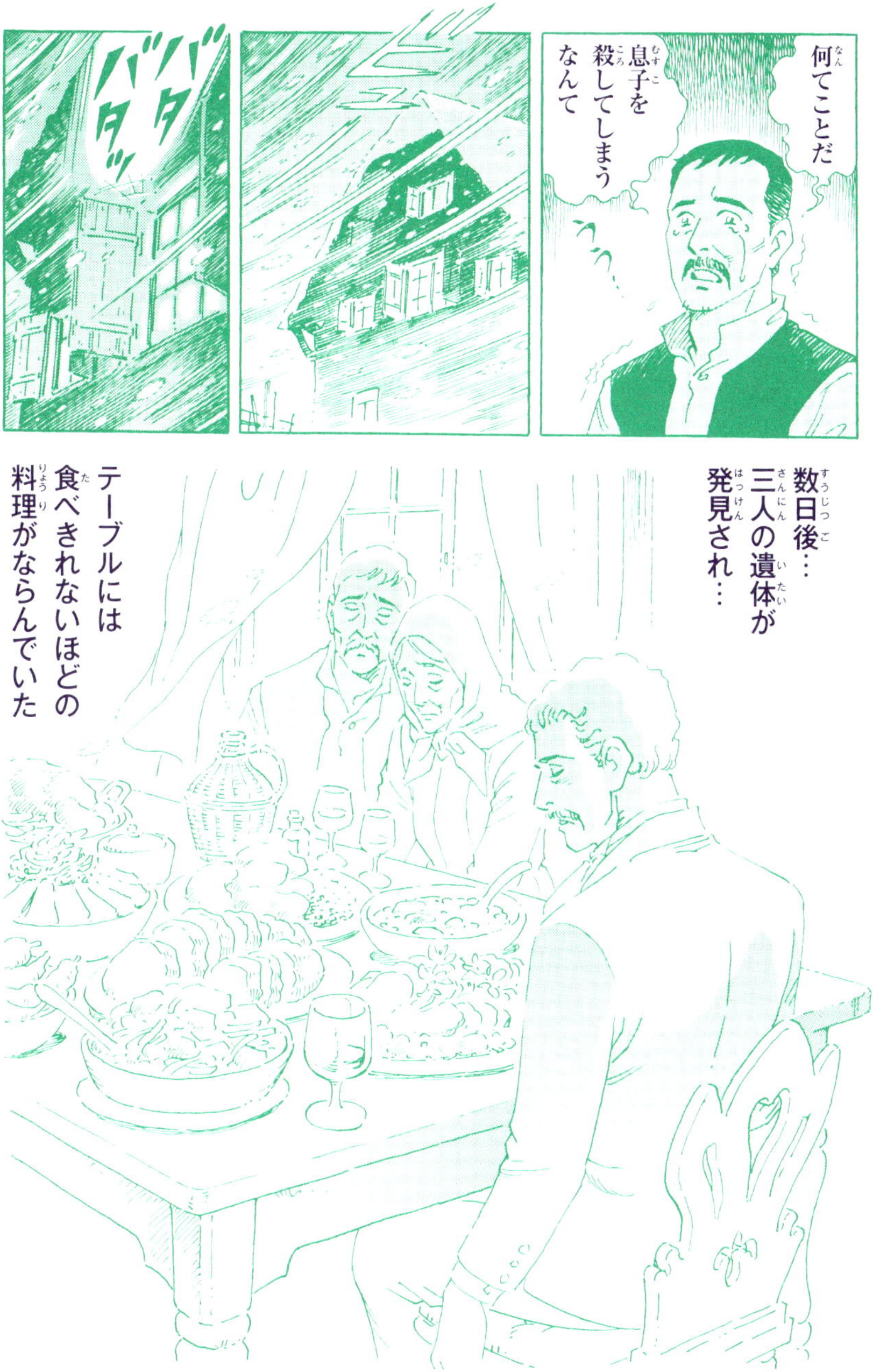
バタバタッ
何《なん》てことだ
息子《むすこ》を殺《ころ》してしまうなんて
数日後《すうじつご》…
三人《さんにん》の遺体《いたい》が発見《はっけん》され…
テーブルには
食《た》べきれないほどの
料理《りょうり》がならんでいた

その事件《じけん》は20世紀《せいき》初頭《しょとう》のハンガリーで話題《わだい》となり、
旅館《りょかん》を買《か》いに来《き》たモノ好《ず》きも何人《なんにん》かいたが、だれも購入《こうにゅう》しなかった
なぜかその家《いえ》はこごえるほど寒《さむ》く、
テーブルと三人《さんにん》の遺体《いたい》が座《すわ》っていたイスは、だれも動《うご》かすことができなかったという…
うわあっ！
どっどうしたんだ何《なに》か見《み》たのか……？
うう……
ガタ
ガタガタ…
そして1980年《ねん》の9月《がつ》…
クロンベル旅館《りょかん》は嵐《あらし》の夜《よる》に焼失《しょうしつ》してしまった

第《だい》7の本棚《ほんだな》
奇《き》

オッパショ石《いし》

徳島県《とくしまけん》　山口敏太郎《やまぐちびんたろう》の体験《たいけん》

これは僕《ぼく》が小学生《しょうがくせい》のころに体験《たいけん》した、ある石《いし》にまつわる実話怪談《じつわかいだん》です。

徳島県徳島市《とくしまけんとくしまし》に今《いま》も残《のこ》るオッパショ石《いし》は、不思議《ふしぎ》な伝説《でんせつ》の残《のこ》る石《いし》です。この石《いし》は江《え》戸《ど》時代《じだい》から人間《にんげん》の言葉《ことば》をしゃべる石《いし》として有名《ゆうめい》でした。

真夜中《まよなか》にその石《いし》の近《ちか》くを通《とお》りかかると、

「おっぱしょ〜おっぱしょ〜」

という悲《かな》しげな子《こ》どもの声《こえ》が聞《き》こえたと言《い》われています。

この〝おっぱしょ〟とは徳島《とくしま》の言葉《ことば》で〝おんぶをしよう〟という意味《いみ》です。

（おやっ、どこかの子《こ》どもが夜《よる》に迷子《まいご》になったのか？）

と思《おも》って背中《せなか》を差《さ》し出《だ》してあげると、何者《なにもの》かが背中《せなか》にのってくると言《い》われています。

しかし、おぶったら最後《さいご》、どんどんどん重《おも》くなると言《い》われています。

このオッパショ石《いし》の正体《しょうたい》は今《いま》もってわかりません。石《いし》の妖怪《ようかい》がしゃべるようになったとも、あるいはタヌキの妖怪《ようかい》がオッパショ石《いし》にかくれており、人間《にんげん》のふりをして大《おお》きな石《いし》を背負《せお》わせたとも言《い》われています。

このオッパショ石《いし》に関《かん》して、僕《ぼく》はいくつかの不思議《ふしぎ》な体験《たいけん》をしています。

オッパショ石《いし》の近《ちか》くに、祖母《そぼ》が経営《けいえい》する花屋《はなや》がありました。そこは門前町《もんぜんまち》の花屋《はなや》で、お寺《てら》や神社《じんじゃ》にお供《そな》えする花《はな》を専門《せんもん》にあつかっていました。

あるとき、店《みせ》に中年女性《ちゅうねんじょせい》がとび込《こ》んできました。

「そこのおっぱしょで、話《はな》ししよったら本物《ほんもの》のおっぱしょが出《で》た！」

「それほんまかね？」

祖母《そぼ》は目《め》を白黒《しろくろ》させています。

ちょうど祖母《そぼ》の家《いえ》にいた僕《ぼく》は大変《たいへん》おどろいた記憶《きおく》があります。

「ほんまやって、おっぱしょの前《まえ》で「ここは昔《むかし》、おっぱしょってこの石《いし》がしゃべったらしいなぁ」って話《はな》してたら「いまもおるでよ〜」って声《こえ》が聞《き》こえたんやって！　おっぱしょってホンマにおるんやで……」

また、あるときのこと、拝《おが》み屋《や》をやっていた同級生《どうきゅうせい》のお母《かあ》さんが小学校《しょうがっこう》の前《まえ》で僕《ぼく》に声《こえ》をかけました。

「オッパショ石《いし》って知《し》ってるわよね?、どこにあるか案内《あんない》して」

同級生《どうきゅうせい》のお母《かあ》さんですから、さからうわけにはいきません。僕《ぼく》はオッパショ石《いし》に案《あん》内《ない》しました。すると、そのお母《かあ》さんは、

「オッパショ石《いし》と私《わたし》の霊能力《れいのうりょく》と、どっちが強《つよ》いか勝負《しょうぶ》するから」


と言《い》ってオッパショ石《いし》に手《て》をあてると、何《なに》やら呪文《じゅもん》をとなえていました。すると急《きゅう》に、

「うわーたまらん! 助《たす》けて、手《て》が離《はな》れんようになった!」

と言《い》いはじめたのです。

友《とも》だちのお母《かあ》さんを見《み》ると、右手《みぎて》をオッパショ石《いし》にあてたまま、金《かな》しばりにあったかのように全身《ぜんしん》をびくびくとけいれんさせています。

「うわー、おばさん大丈夫《だいじょうぶ》!?」

徳島県《とくしまけん》二軒屋町《にけんやちょう》に実在《じつざい》するオッパショ石《いし》。

僕《ぼく》と友人《ゆうじん》は必死《ひっし》になってそのお母《かあ》さんの手《て》をオッパショ石《いし》からはなしました。まるで死《し》んだようになってぐったりとした友人《ゆうじん》の母親《ははおや》は、友人《ゆうじん》につれられてそのまますごすごと帰《かえ》って行《い》きました。あれはいったい何《なん》だったのでしょう?

オッパショ石《いし》は現在《げんざい》も、徳島《とくしま》の二軒屋町《にけんやちょう》に実在《じつざい》しています。

フロッグマン

東京都《とうきょうと》　中沢健《なかざわけん》さんの体験《たいけん》

僕《ぼく》の友人《ゆうじん》の中沢健氏《なかざわけんし》は、特撮《とくさつ》の脚本《きゃくほん》などを手《て》がける作家《さっか》です。彼《かれ》は昔《むかし》からＵＦＯや宇宙人《うちゅうじん》などのオカルトネタが好《す》きでしたが、実際《じっさい》に宇宙人《うちゅうじん》そのものを見《み》たことはなかったといいます。ですが、彼《かれ》の妹《いもうと》さんは幼《おさな》いころに実家《じっか》で奇妙《きみょう》な人型《ひとがた》の生命体《せいめいたい》を目撃《もくげき》したそうです。

その時《とき》、妹《いもうと》さんは寝室《しんしつ》で寝《ね》ていたそうなのですが、ふと何《なに》かの気配《けはい》を感《かん》じて目《め》を部《へ》屋《や》の窓《まど》の方《ほう》にやると、**緑色《みどりいろ》をした人型《ひとがた》の、今《いま》まで見《み》たことのない生物《せいぶつ》が窓《まど》の外《そと》側《がわ》に張《は》り付《つ》いていた**のだそうです。

今《いま》でも妹《いもうと》さんはこの体験《たいけん》をおぼえているらしく、中沢《なかざわ》さんがひさびさに話《はなし》をふったところ、見《み》た生物《せいぶつ》の絵《え》を描《か》いてくれたそうです。窓《まど》から見《み》えたのは上半身《じょうはんしん》だけでしたので、下半身《かはんしん》がどうなっているのかは分《わ》からなかったそうですが、それは**ツルッとした大《おお》きな電球型《でんきゅうがた》の頭《あたま》に大《おお》きな目《め》、牙《きば》の生《は》えた大《おお》きな口《くち》の怪人《かいじん》の姿《すがた》でした。**

これを見《み》た中沢《なかざわ》さんはまちがいなく宇宙人《うちゅうじん》だ、と思《おも》ったそうですが、私《わたし》はこれを、**アメリカで目撃《もくげき》されたUMA《ユーマ》（未確認生物《みかくにんせいぶつ》）の「フロッグマン（カエル男《おとこ》）」**ではないか、と考《かんが》えます。

カエル男《おとこ》はアメリカのオハイオ州《しゅう》で1970年代《ねんだい》に何度《なんど》か目撃《もくげき》された、カエルに似《に》た姿《すがた》で二足歩行《にそくほこう》する、小柄《こがら》な人間《にんげん》のような大《おお》きさ

の謎《なぞ》の生物《せいぶつ》です。人間《にんげん》をおそったことはありませんが、現地《げんち》の人《ひと》は不気味《ぶきみ》に思《おも》っていたそうです。妹《いもうと》さんが目撃《もくげき》した生物《せいぶつ》はカエル男《おとこ》と非常《ひじょう》に見《み》た目《め》がそっくりでした。

もしかすると、アメリカのUMA《ユーマ》が茨城県《いばらきけん》にあらわれていたのかもしれません。

妖怪《ようかい》・スキップちゃん

長野県《ながのけん》　宇和原《うわはら》わこさんの体験《たいけん》

190ページにも登場《とうじょう》した宇和原《うわはら》わこさんは、子《こ》どものころから霊感《れいかん》が強《つよ》く、ときどき不気味《ぶきみ》な存在《そんざい》と出会《であ》ってしまうことがあるといいます。それは妖怪《ようかい》であったり、宇宙人《うちゅうじん》であったりさまざまです。彼女《かのじょ》が生《う》まれ育《そだ》った東京《とうきょう》の浅草《あさくさ》にはいくつかの心霊《しんれい》スポット、妖怪《ようかい》スポットがあります。わこさんが幼少《ようしょう》のころ、谷中《やなか》の墓地《ぼち》に行《い》くと、**奇妙《きみょう》な妖怪《ようかい》のような存在《そんざい》をたびたび目撃《もくげき》した**そうです。

特《とく》に印象的《いんしょうてき》だったのが、女《おんな》の子《こ》のお化《ば》けでした。彼女《かのじょ》と仲間《なかま》たちは、この存在《そんざい》を、

「スキップちゃん」

と名付《なづ》けていたそうです。

スキップちゃんは、体長《たいちょう》1mほどで頭《あたま》がものすごく大《おお》きいのです。しかも、停車中《ていしゃちゅう》の車《くるま》の周《まわ》りを、

ビョ～ン！　ビョ～ン!!

とスキップしながらとび回《まわ》り、車中《しゃちゅう》をのぞき見《み》すると言《い》われていました。

全身《ぜんしん》の色《いろ》は灰色《はいいろ》ぽく、髪型《かみがた》は長《なが》めのおかっぱでした。だから、スキップするたびに、おかっぱ髪《がみ》が、

フワア～

とゆれたそうです。スキップちゃんは、いまでも谷中《やなか》の墓地《ぼち》で、

ビョ～ン！　ビョ～ン！！

と、とび回《まわ》っているのでしょうか。

未確認生物《みかくにんせいぶつ》

極《ごく》秘《ひ》ファイル

これは世界各地《せかいかくち》で目撃《もくげき》された、未確認《みかくにん》生物《せいぶつ》たちの情報《じょうほう》をまとめた極秘《ごくひ》ファイルである！　今日《きょう》は、特別《とくべつ》に君《きみ》だけにこっそりお見《み》せしよう。

FILE 1

羽《はね》がはえたリアルデビルマン

バッツカッチ

UMA

　コウモリ（バット）に似た翼《つばさ》と、ビッグフット（サスカッチ）のような巨体《きょたい》な生物《せいぶつ》のため、バッツカッチと呼《よ》ばれる。1994年《ねん》、最《さい》初《しょ》に目撃《もくげき》されたのは米国《べいこく》のカスケード山脈《さんみゃく》、目撃者《もくげきしゃ》によると、車《くるま》の前方《ぜんぽう》９ｍの地点《ちてん》に、巨大《きょだい》な生物《せいぶつ》がとつじょ舞《ま》いおりた。その姿《すがた》は、７ｍもあり、顔《かお》はオオカミのようなイヌ科《か》の生物《せいぶつ》、血《ち》の色《いろ》のように赤《あか》い目《め》、紫色《むらさきいろ》の皮膚《ひふ》を持《も》っていた。背中《せなか》には翼《つばさ》があり、足《あし》は鳥類《ちょうるい》のようで、先端《せんたん》にはかぎ爪《づめ》がついていたという。

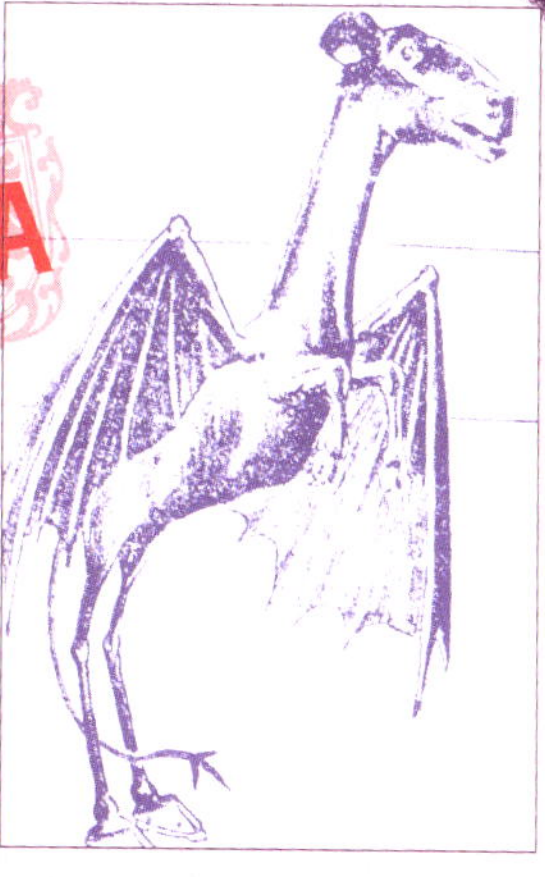

▶証言《しょうげん》からすると、米国《べいこく》ニュージャージー州一帯《しゅういったい》で目撃《もくげき》されるジャージーデビルにも似《に》た姿《すがた》。

目撃場所《もくげきばしょ》	アメリカ・ワシントン州《しゅう》・カスケード山脈《さんみゃく》
目撃時期《もくげきじき》	1994年《ねん》～
体《たい》　長《ちょう》	7m

FILE 2

ネッシーのそっくりさん？　それとも同一個体《どういつこたい》？

モラーグ

目撃場所《もくげきばしょ》	イギリス・スコットランド・モラー湖《こ》
目撃時期《もくげきじき》	1930年代《ねんだい》〜
体長《たいちょう》	12〜20m

ネッシーがすむといわれるネス湖《こ》があるイギリス・スコットランド。実《じつ》はこの国《くに》には、怪物伝説《かいぶつでんせつ》で有名《ゆうめい》な湖《みずうみ》がもう一《ひと》つある。それがネス湖《こ》から60kmほど離《はな》れたモラー湖《こ》だ。ここにはモラーグという巨大《きょだい》な怪物《かいぶつ》がすむといわれている。ヘビのような長《なが》い首《くび》とコブのある背中《せなか》、顔《かお》は馬《うま》に似《に》て、頭《あたま》に2本《ほん》の角《つの》があり、古代《こだい》の首長竜《くびながりゅう》の生《い》き残《のこ》り、という説《せつ》が有力《ゆうりょく》だ。

▲写真《しゃしん》はネッシー。モラーグとネッシーは、同一《どういつ》の生《せい》物《ぶつ》では、という説《せつ》も浮上《ふじょう》している。

FILE 3

パプアニューギニアで神聖視《しんせいし》される謎《なぞ》の怪獣《かいじゅう》!?

ミゴー

目撃場所《もくげきばしょ》	パプアニューギニア・ニューブリテン島《とう》・ダカタウア湖《こ》
目撃時期《もくげきじき》	19世紀《せいき》〜
体長《たいちょう》	5〜10m

パプアニューギニアのダカタウア湖《こ》で目撃《もくげき》されるミゴーは、長《なが》い首《くび》にウマのようなたてがみがあり、ワニに似《に》た尾《お》と鋭《するど》い歯《は》を持《も》ち、とても凶暴《きょうぼう》。現地《げんち》には「マサライ」という精霊《せいれい》の伝説《でんせつ》が残《のこ》り、部族《ぶぞく》によっては同一視《どういつし》し神聖化《しんせいか》されている。伝説《でんせつ》もふくめれば数《すう》百年《ひゃくねん》にわたって目撃《もくげき》され、巨大海《きょだいかい》生《せい》は虫類《ちゅうるい》のモササウルスをはじめ、巨大《きょだい》ワニやヘビなどの説《せつ》がある。

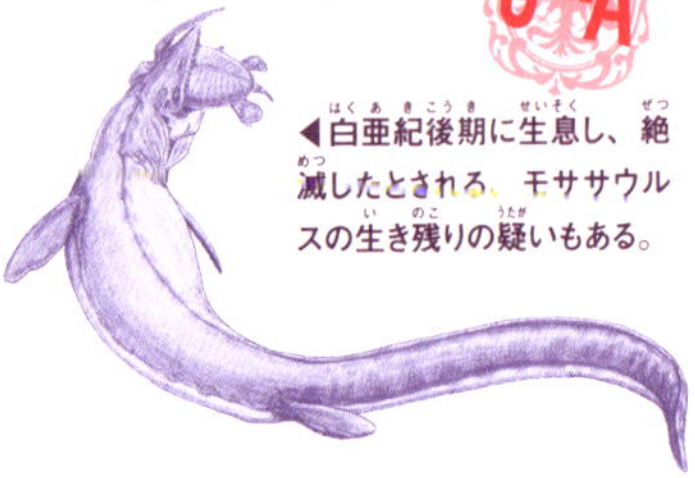

◀白亜紀後期《はくあきこうき》に生息《せいそく》し、絶《ぜつ》滅《めつ》したとされる、モササウルスの生《い》き残《のこ》りの疑《うたが》いもある。

FILE 4

少女《しょうじょ》たちの前《まえ》に現《あらわ》れた半人半鳥《はんじんはんちょう》

オウルマン

目撃場所《もくげきばしょ》	イギリス・コーンウォール州《しゅう》モウマン村《むら》
目撃時期《もくげきじき》	1976年《ねん》〜
体長《たいちょう》	2m

　1976年《ねん》イギリスのモウマン村《むら》の姉妹《しまい》が、村《むら》の教会《きょうかい》の上空《じょうくう》を飛《と》ぶ謎《なぞ》の半人半鳥《はんじんはんちょう》の生物《せいぶつ》を目撃《もくげき》。その姿《すがた》から「オウルマン」と呼《よ》ばれる。目撃者《もくげきしゃ》がすべて少女《しょうじょ》という不《ふ》思議《しぎ》な共通点《きょうつうてん》がある。体《からだ》は人間《にんげん》に似《に》るが、足《あし》には黒《くろ》く大《おお》きなかぎ爪《づめ》があり、羽根《はね》の色《いろ》は灰色《はいいろ》、顔《かお》はフクロウに似《に》て、とがった耳《みみ》、赤《あか》く光《ひか》る大《おお》きな目《め》、黒《くろ》いくちばしと、証言《しょうげん》は共通《きょうつう》している。1978年《ねん》の目撃《もくげき》を最後《さいご》に姿《すがた》を消《け》している。

◀目撃《もくげき》した少女《しょうじょ》たちが描《えが》いた絵《え》は、いずれもそっくり。アメリカのUMA《ユーマ》「モスマン」説《せつ》も有力《ゆうりょく》。

FILE 5

雷《かみなり》をまとう偉大《いだい》な精霊《せいれい》は実在《じつざい》した!?

サンダーバード

目撃場所《もくげきばしょ》	北米全土《ほくべいぜんど》
目撃時期《もくげきじき》	数百年前《すうひゃくねんまえ》〜
体長《たいちょう》	数《すう》m〜10m

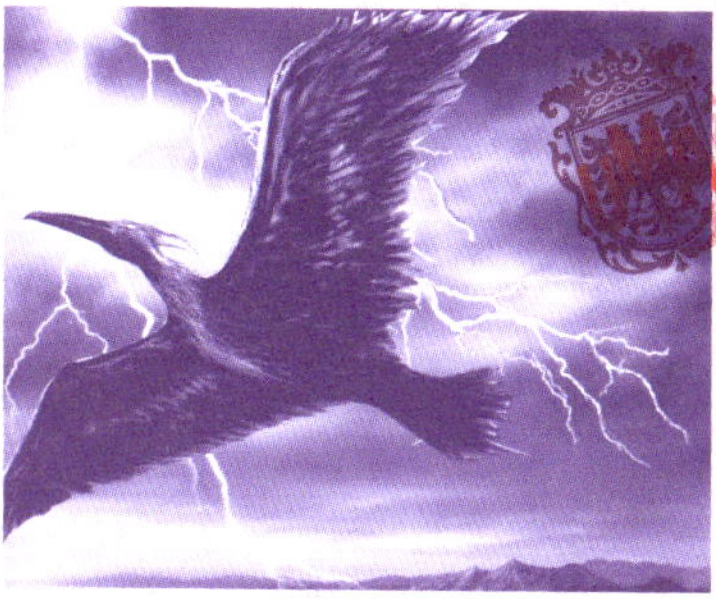

▲巨大《きょだい》コンドル、600万年前《まんねんまえ》に生息《せいそく》したアルゲンタビス、または翼竜《よくりゅう》の生《い》き残《のこ》りという説《せつ》もある。

　ネイティブアメリカンの神話《しんわ》に登場《とうじょう》する、雷《かみなり》を自在《じざい》にあやつる偉大《いだい》な鳥《とり》の姿《すがた》の精霊《せいれい》。1960〜70年代《ねんだい》にかけて、アメリカのワシントン州《しゅう》などで、小型《こがた》の飛行機《ひこうき》ほどの巨大《きょだい》な鳥《とり》の目撃情《もくげきじょう》報《ほう》が何件《なんけん》も寄《よ》せられ、10歳《さい》の子《こ》どもがさらわれかける事件《じけん》も発《はっ》生《せい》。2002年《ねん》にも目撃《もくげき》された。

FILE 6

150回以上《かいいじょう》も目撃《もくげき》された怪生物《かいせいぶつ》

キャディ

目撃場所《もくげきばしょ》	カナダ・バンクーバー島沖《とうおき》
目撃時期《もくげきじき》	数百年前《すうひゃくねんまえ》〜
体長《たいちょう》	5〜20 m

◀古来《こらい》から語《かた》りつがれる大海蛇《だいかいじゃ》シーサーペントの一種《いっしゅ》とされる。

▼1947年《ねん》に撮影《さつえい》されたキャディの死体《したい》とされる画像《がぞう》。

カナダで、150回以上《かいいじょう》の目撃例《もくげきれい》があるUMA《ユーマ》。ヘビに似《に》た体《からだ》、馬《うま》に似《に》た頭部《とうぶ》、細長《ほそなが》い胴体《どうたい》、背中《せなか》にヒレまたはコブがある。1947年《ねん》、キャディらしき生物《せいぶつ》の死《し》がいが発見《はっけん》され、写真《しゃしん》も残《のこ》る。研究《けんきゅう》のためシカゴの博物館《はくぶつかん》へ輸送中《ゆそうちゅう》に行方不明《ゆくえふめい》となり、いまだ正体《しょうたい》は不明《ふめい》。

FILE 7

ネイティブアメリカンに伝《つた》わる怪物《かいぶつ》は実在《じつざい》!?

チャンプ

目撃場所《もくげきばしょ》	アメリカ・ニューヨーク州《しゅう》など・シャンプレーン湖《こ》
目撃時期《もくげきじき》	数百年前《すうひゃくねんまえ》〜
体長《たいちょう》	5〜24 m

▲目撃証言《もくげきしょうげん》だけでなく、遠《とお》くからではあるものの、映像《えいぞう》や画像《がぞう》もたびたび撮影《さつえい》されている。

アメリカとカナダにまたがるシャンプレーン湖《こ》には、怪物《かいぶつ》の伝説《でんせつ》がある。現地《げんち》のイロクォイ族《ぞく》によれば、湖《みずうみ》の“角《つの》を持《も》つヘビ”が人《ひと》をおそうという。このUMA《ユーマ》はチャンプと呼《よ》ばれる。首長竜《くびながりゅう》の生《い》き残《のこ》り、大《おお》きなチョウザメ、絶滅《ぜつめつ》した古代《こだい》のクジラなどの説《せつ》がある。

FILE 8

ジャングルに潜《ひそ》む凶悪《きょうあく》な類人猿《るいじんえん》!?

モノス

▲捕獲《ほかく》した獣人型未確認生物《じゅうじんがたみかくにんせいぶつ》「モノス」。UMA《ユーマ》が南米《なんべい》のジャングルに生息《せいそく》する可能性《かのうせい》はすてきれない。

目撃場所《もくげきばしょ》	ベネズエラ・コロンビア・ジャングル
目撃時期《もくげきじき》	1929年《ねん》
体《たい》　長《ちょう》	1.5m

1929年《ねん》、探検隊《たんけんたい》がジャングルで、2体《たい》の類人猿《るいじんえん》に遭遇《そうぐう》。全身《ぜんしん》は毛《け》でおおわれ、木《き》の棒《ぼう》をふり上《あ》げ、フンを投《な》げるなど攻撃的《こうげきてき》。銃《じゅう》で一体《いったい》を射殺《しゃさつ》、もう一体《いったい》は逃《に》げ去《さ》った。射殺《しゃさつ》された類人猿《るいじんえん》は写真《しゃしん》を撮《と》られ、食料《しょくりょう》になった。

FILE 9

ブロンド頭《あたま》のサスカッチ

オールド・イエロー・トップ

ロッキー山脈一帯《さんみゃくいったい》では、古《ふる》くから大型獣人《おおがたじゅうじん》が目撃《もくげき》されている。「ビッグフット」または、先住民《せんじゅうみん》には“人《ひと》に似《に》た動物《どうぶつ》”という意味《いみ》の「サスカッチ」と呼《よ》ばれる。こちらは、その亜種《あしゅ》とされ、特徴《とくちょう》は頭《あたま》が鮮《あざ》やかな黄色《きいろ》であることだ。

目撃場所《もくげきばしょ》	アメリカ・カナダ・ロッキー山脈《さんみゃく》
目撃時期《もくげきじき》	1906年《ねん》～
体《たい》　長《ちょう》	2.1m

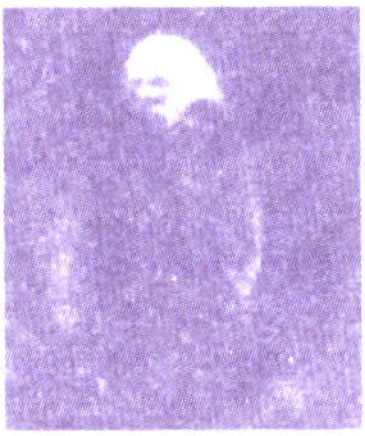

▶旅行者《りょこうしゃ》が撮影《さつえい》したといわれるオールド・イエロー・トップの写真《しゃしん》。

▲ゴリラの年長《ねんちょう》の雄《おす》の背中《せなか》の毛《け》が白《しろ》くなるシルバーバックと似《に》た現象《げんしょう》ではないかと考《かんが》えられる。

FILE 10

巨大化《きょだいか》したガラガラヘビ!?

テキサス・サンドドラゴン

UMA

目撃場所《もくげきばしょ》	アメリカ・テキサス州《しゅう》・オースティン
目撃時期《もくげきじき》	20世紀初頭《せいきしょとう》〜
体長《たいちょう》	6m

2003年《ねん》12月《がつ》ごろ、アメリカ・テキサス州《しゅう》に出現《しゅつげん》。異様《いよう》に長《なが》く太《ふと》い体《からだ》の生物《せいぶつ》が、目撃者《もくげきしゃ》の目《め》の前《まえ》を横切《よこぎ》った。20世《せい》紀初頭《きしょとう》からテキサス州《しゅう》で人《ひと》びとをなやませてきた「約《やく》6mのガラガラヘビ」と考《かんが》え、目撃者《もくげきしゃ》がサイトに投稿《とうこう》。写真《しゃしん》もけいさいされ、顔《かお》に角《つの》のような突起《とっき》があった。

◀テキサス・サンドドラゴンは、非常《ひじょう》に大食漢《たいしょくかん》で、シカやブタをエサとすると推測《すいそく》されている。

FILE 11

乗組員《のりくみいん》26人《にん》が目撃《もくげき》！　波間《なみま》からのぞくギョロ目《め》

カバゴン

目撃場所《もくげきばしょ》	ニュージーランド南東沖合《なんとうおきあい》
目撃時期《もくげきじき》	1974年《ねん》〜
体長《たいちょう》	頭部《とうぶ》だけで1.5m

UMA

1974年《ねん》4月《がつ》28日午後《にちごご》、日《に》本《ほん》の遠洋漁業船《えんようぎょぎょうせん》「第二十八金毘羅《だいにじゅうはちこんぴら》丸《まる》」がニュージーランド南東沖合《なんとうおきあい》を航行中《こうこうちゅう》、海面《かいめん》から顔《かお》を出《だ》していた怪獣《かいじゅう》と遭遇《そうぐう》し、乗組員《のりくみいん》26人全員《にんぜんいん》が目撃《もくげき》した。確認《かくにん》できたのは頭部《とうぶ》だけで、1.5mほどの大《おお》きさ、シワが多《おお》く、赤《あか》く光《ひか》る大《おお》きな目玉《めだま》と大《おお》きな鼻《はな》の穴《あな》が特徴《とくちょう》。怪《かい》物《ぶつ》はしばらく乗組員《のりくみいん》らと対峙《たいじ》し、海中《かいちゅう》へ姿《すがた》を消《け》したという。現地《げんち》ニュージーランドの情報誌《じょうほうし》でも取《と》り上《あ》げられ、海域《かいいき》に近《ちか》い海岸《かいがん》では謎《なぞ》の生物《せいぶつ》の足跡《あしあと》も見《み》つかる。

▲1956年《ねん》、南極基地《なんきょくきち》から帰還《きかん》する越冬隊《えっとうたい》が目撃《もくげき》した謎《なぞ》の生物《せいぶつ》「南極《なんきょく》ゴジラ」との同一説《どういつせつ》も。

FILE 12

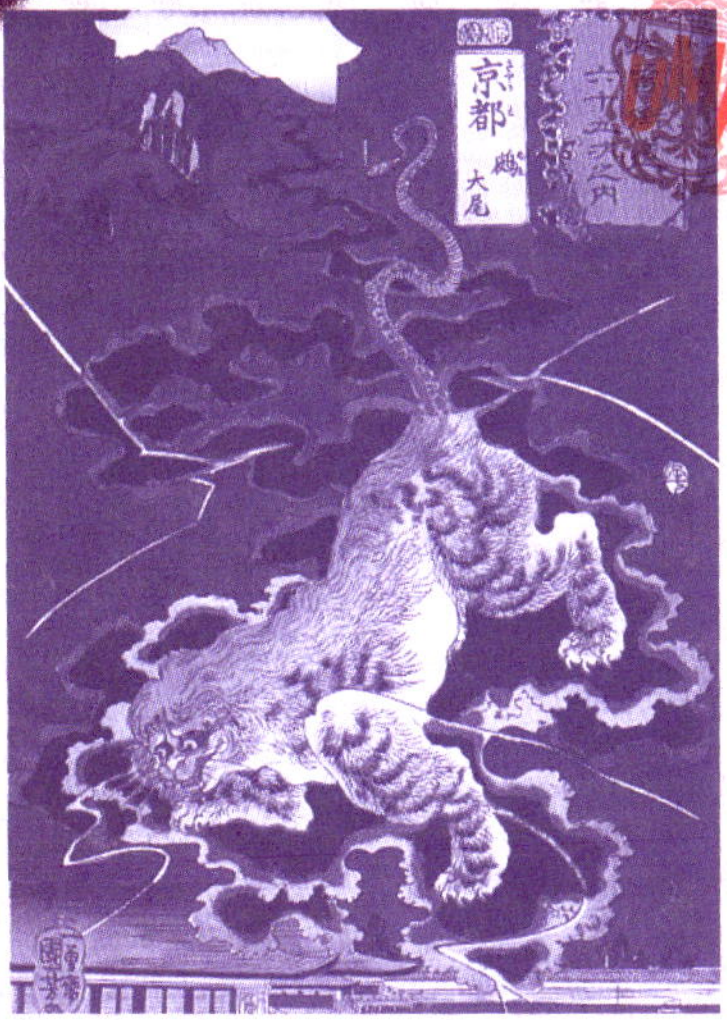

▲平安時代《へいあんじだい》の京都《きょうと》に飛来《ひらい》し、不吉《ふきつ》の象徴《しょうちょう》と呼《よ》ばれた妖怪《ようかい》「鵺《ぬえ》」。

外国人《がいこくじん》の前《まえ》に現《あらわ》れた伝説《でんせつ》の妖怪《ようかい》!?

ネコヘビドリ（鵺《ぬえ》）

目撃場所《もくげきばしょ》	日本《にほん》・大阪府堺市《おおさかふさかいし》
目撃時期《もくげきじき》	2003年《ねん》〜
体《たい》　長《ちょう》	50cm〜1m

カナダ人英語講師《じんえいごこうし》が目撃《もくげき》。白《しろ》い首《くび》に2つの黒《くろ》い目《め》、ネコかトカゲのような足《あし》、コウモリのような翼《つばさ》、白《しろ》いヘビのような尾《お》、さらに尾《お》にはサメのような目《め》があるなど、伝説上《でんせつじょう》の妖怪《ようかい》・鵺《ぬえ》にそっくり。後《のち》に、「ネコヘビドリ」と命名《めいめい》。

FILE 13

非常《ひじょう》に身近《みぢか》な、伝説上《でんせつじょう》のUMA《ユーマ》

河童《かっぱ》

目撃場所《もくげきばしょ》	日本各地《にほんかくち》の川《かわ》
目撃時期《もくげきじき》	江戸時代《えどじだい》〜
体《たい》　長《ちょう》	40cm〜1m弱《じゃく》

頭《あたま》に皿《さら》、背中《せなか》に甲羅《こうら》があって両生類《りょうせいるい》のようにぬめりのある肌《はだ》を持《も》ち、力《ちから》は人間《にんげん》に比《くら》べてはるかに強《つよ》く、人《ひと》や牛馬《ぎゅうば》を水中《すいちゅう》に引《ひ》きずり込《こ》む。2000年代《ねんだい》でも目撃証言《もくげきしょうげん》はあり、2003年《ねん》、佐賀《さが》県《けん》でも目撃《もくげき》された。

▶海外《かいがい》で目撃《もくげき》されているカエル男《おとこ》や半魚人《はんぎょじん》にも類似性《るいじせい》がある。さらに、宇宙人説《うちゅうじんせつ》もある。

FILE 14

「ネッシー」と同一《どういつ》の怪物《かいぶつ》なのか？

モーゴウル

目撃場所《もくげきばしょ》	イギリス・コーンウォール州沿岸《しゅうえんがん》のファルマス湾《わん》
目撃時期《もくげきじき》	1800年代後半《ねんだいこうはん》～
体長《たいちょう》	6～15m

毛《け》が生《は》えた長《なが》いかま首《くび》を持《も》ち、頭《あたま》には切《き》りかぶのような角《つの》があるといわれる巨大生物《きょだいせいぶつ》。ネス湖《こ》に近《ちか》いイギリスの近海《きんかい》でたびたび目撃《もくげき》されることから、このモーゴウルが海《うみ》から湖《みずうみ》に移動《いどう》し、ネッシーと呼《よ》ばれているのではないか？　といわれている。

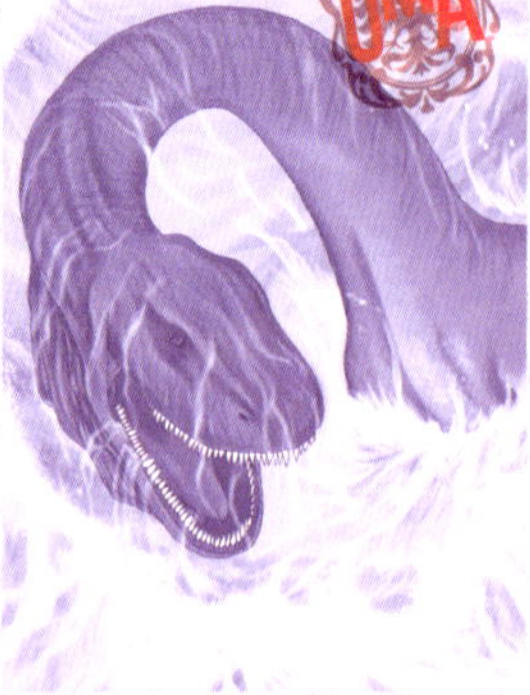

▲ネッシーとモーゴウルは同一《どういつ》の怪物《かいぶつ》なのか、それともまたちがう種類《しゅるい》なのか、謎《なぞ》は深《ふか》まる。

FILE 15

▼モッシーのイメージ。本栖湖《もとすこ》は富士五湖《ふじごこ》の中《なか》で最《もっと》も深《ふか》く、隣接《りんせつ》する湖《みずうみ》と地下水脈《ちかすいみゃく》でつながるとする説《せつ》もある。

目撃場所《もくげきばしょ》	日本《にほん》・山梨県本栖湖《やまなしけんもとすこ》
目撃時期《もくげきじき》	1970年代《ねんだい》～
体長《たいちょう》	30m

日本に古来からすむ龍神か!?

モッシー

日本《にほん》でもネッシーに似《に》たUMA《ユーマ》として鹿児島《かごしま》・池田湖《いけだこ》のイッシーや北海道《ほっかいどう》・屈斜路湖《くっしゃろこ》のクッシーが知《し》られる。その兄弟分《きょうだいぶん》にあたるのが、山梨県本栖湖《やまなしけんもとすこ》に生息《せいそく》するモッシーだ。1970年代《ねんだい》を中心《ちゅうしん》に目撃《もくげき》され、1987年《ねん》にはカメラマンが湖面《こめん》が盛《も》り上《あ》がるのを目撃《もくげき》し、撮影《さつえい》にも成功《せいこう》。有力視《ゆうりょくし》されるのが、一時期放流《いちじきほうりゅう》されていたチョウザメが成長《せいちょう》した説《せつ》などである。

FILE 16

目撃多数《もくげきたすう》!?
日本古来《にほんこらい》からいるUMA《ユーマ》
ツチノコ

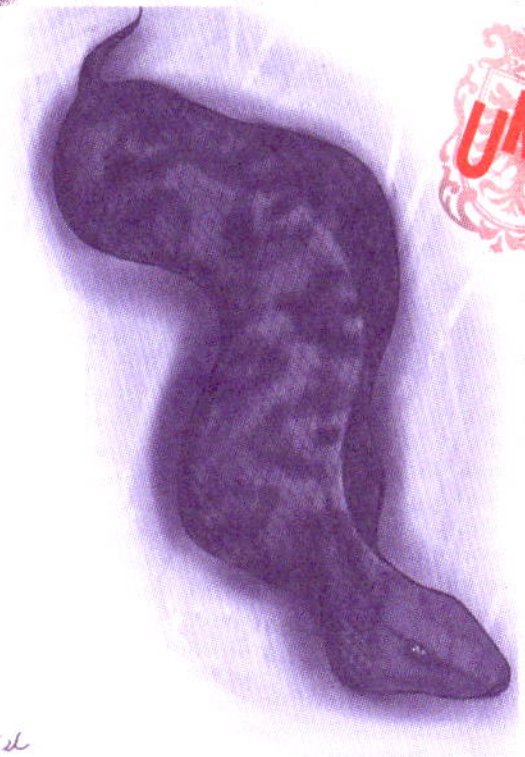

▲奈良時代以降《ならじだいいこう》、古事記《こじき》をはじめ、さまざまな文献《ぶんけん》にツチノコ（ノヅチ）は登場《とうじょう》。今《いま》でも、目撃証言《もくげきしょうげん》がたびたびある。

目撃場所《もくげきばしょ》	日本《にほん》・岐阜県《ぎふけん》、奈良県《ならけん》、岡山県《おかやまけん》など
目撃時期《もくげきじき》	縄文時代《じょうもんじだい》〜
体長《たいちょう》	20cm〜1m

縄文土器《じょうもんどき》のすかし彫《ぼ》りにも、ツチノコとしか思《おも》えな小《ち》さいヘビが登場《とうじょう》するなど、歴史《れきし》は古《ふる》い。体長《たいちょう》のわりに体《からだ》は太《ふと》く、尾《お》は胴《どう》にくらべて細《ほそ》く、三角形《さんかくけい》の頭《あたま》で、毒《どく》がある。尾《お》で立《た》ち、数《すう》m飛《と》び跳《は》ね、転《ころ》がって移動《いどう》するなど、普通《ふつう》のヘビとは思《おも》えない特徴《とくちょう》を持《も》つ。

FILE 17

シベリアで今《いま》も生《い》きている!?
マンモス

目撃場所《もくげきばしょ》	シベリア奥地《おくち》
目撃時期《もくげきじき》	1580年《ねん》〜
体長《たいちょう》	9m

UMA《ユーマ》には古代魚《こだいぎょ》シーラカンスのように、絶《ぜつ》めつしたと考《かんが》えられる生物《せいぶつ》もふくまれている。陸上《りくじょう》では、古代《こだい》のほ乳類《にゅうるい》マンモスが有力《ゆうりょく》だ。凍土《とうど》から発見《はっけん》された冷凍《れいとう》マンモスのDNA《ディーエヌエー》による再生《さいせい》の研究《けんきゅう》も進《すす》んでいる。

▶ケナガマンモスは、約《やく》400万年前《まんねんまえ》から1万年前頃生息《まんねんまえころせいそく》していたと考《かんが》えられている。

FILE 18

謎《なぞ》の足跡《あしあと》。正体《しょうたい》はエイリアン・アニマルか？

伊香保温泉獣人《いかほおんせんじゅうじん》

目撃場所《もくげきばしょ》　日本《にほん》・群馬県伊香《ぐんまけんいか》保温泉付近《ほおんせんふきん》
目撃時期《もくげきじき》　2006年《ねん》～
体長《たいちょう》　小柄《こがら》な人間《にんげん》ていど

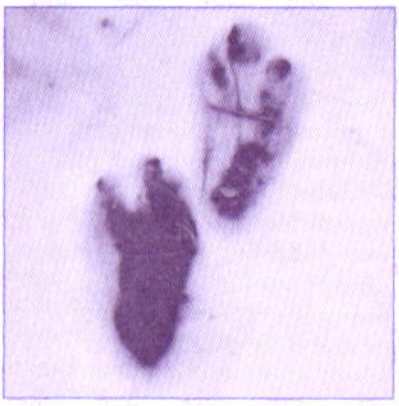

▶伊香保温泉《いかほおんせん》獣人《じゅうじん》の足跡《あしあと》。

◀2000年代初頭《ねんだいしょとう》、毛《け》むくじゃらの獣人《じゅうじん》と遭遇《そうぐう》したという目撃証言《もくげきしょうげん》もある。

2006年《ねん》、女性漫画家《じょせいまんがか》が伊香保温泉付近《いかほおんせんふきん》の雪《ゆき》の残《のこ》る道《みち》を散歩中《さんぽちゅう》、奇妙《きみょう》な足跡《あしあと》を発見《はっけん》した。３本指《ぼんゆび》の足跡《あしあと》が確認《かくにん》でき、地元《じもと》では夜間《やかん》に正体不明《しょうたいふめい》の怪物《かいぶつ》が現《あらわ》れるうわさも流《なが》れている。また、現場付近《げんばふきん》はUFO《ユーフォー》目撃《もくげき》の多発地帯《たはつちたい》でもあり、その関連《かんれん》も考《かんが》えられる。

FILE 19

家畜《かちく》や人間《にんげん》をおそう吸血生物《きゅうけつせいぶつ》

チュパカブラ

目撃場所《もくげきばしょ》　南北《なんぼく》アメリカ大陸《たいりく》
目撃時期《もくげきじき》　20世紀後半《せいきこうはん》～
体長《たいちょう》　イヌやオオカミくらい

20世紀後半《せいきこうはん》、南米《なんべい》で凶暴《きょうぼう》なチュパカブラのうわさが立《た》ち、北米《ほくべい》にも広《ひろ》まった。家畜《かちく》や人間《にんげん》をおそい血液《けつえき》を吸《す》い、赤《あか》い目《め》を持《も》ち、俊敏《しゅんびん》で飛《と》び跳《は》ねるように移動《いどう》する。動物《どうぶつ》の死体《したい》の一部《いちぶ》が切《き》り取《と》られ血液《けつえき》がなくなる事件《じけん》は、このUMA《ユーマ》のしわざとも考《かんが》えられる。

◀チュパカブラでは、別名《べつめい》〝ゴートサッカー（ヤギの血《ち》を吸《す》う者《もの》）〟ともいわれる。

FILE 20

日本《にほん》にも漂着《ひょうちゃく》する謎《なぞ》の物体《ぶったい》

グロブスター UMA

グロブスターは、海岸《かいがん》に漂着《ひょうちゃく》する巨大《きょだい》な肉《にく》のかたまりのこと。主《おも》に太平洋《たいへいよう》に多《おお》いが、大西洋《たいせいよう》やインド洋《よう》でも確認《かくにん》されており、インドでは「シーエレファント」というユニークな名前《なまえ》で呼《よ》ばれる。一《いっ》説《せつ》には、クジラの死骸《しがい》の脂肪部分《しぼうぶぶん》といわれ、また、多《おお》くの生物《せいぶつ》の遺《い》体《たい》の集合体《しゅうごうたい》であるマリンスノーでは、との説《せつ》もある。その正体《しょうたい》はいまだ謎《なぞ》につつまれている。

▼今昔物語集《こんじゃくものがたりしゅう》にも、常陸国《ひたちのくに》（今《いま》の茨城《いばらき》県《けん》）で、15m ほどの巨人《きょじん》が漂着《ひょうちゃく》した記録《きろく》が残《のこ》るが、グロブスターの可能性《かのうせい》が高《たか》い。

目撃場所《もくげきばしょ》	太平洋《たいへいよう》や大西洋《たいせいよう》の岸《きし》
目撃時期《もくげきじき》	11 世紀末《せいきまつ》～
体長《たいちょう》	15m

FILE 21

砂漠《さばく》に生息《せいそく》する巨大《きょだい》ミミズ？

UMA モンゴリアンデスワーム

目撃場所《もくげきばしょ》	ゴビ砂漠《さばく》、タール砂漠《さばく》など
目撃時期《もくげきじき》	1800 年代初頭《ねんだいしょとう》～
体長《たいちょう》	3.5m

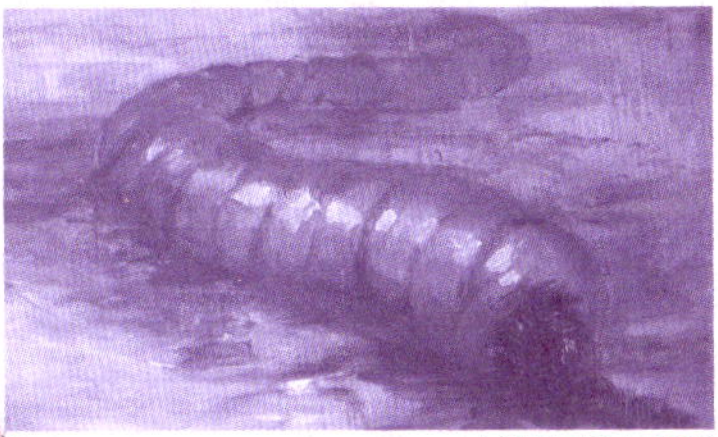

（イラスト：Pieter0024）

巨大《きょだい》なミミズのような、とても凶暴《きょうぼう》な未確認生物《みかくにんせいぶつ》。体《からだ》の両端《りょうたん》にスパイクのような突起《とっき》を持《も》ち、体《からだ》には暗《くら》い斑点《はんてん》やしみがあると、目撃者《もくげきしゃ》から報告《ほうこく》される。犠牲者《ぎせいしゃ》は累計《るいけい》で数千人《すうせんにん》にも、数万人《すうまんにん》にも及《およ》ぶとされ、死者《ししゃ》も多数《たすう》出《で》ている。

◀毒《どく》を噴射《ふんしゃ》するともいわれ、捕《ほ》獲《かく》・調査《ちょうさ》には、NBC防護服《エヌビーシーぼうごふく》（対放射線《たいほうしゃせん》・対化学兵器《たいかがくへいき》・対生《たいせい》物兵器防護服《ぶつへいきぼうごふく》）の装備《そうび》が必要《ひつよう》。

FILE22

カスピ海《かい》の河童《かっぱ》!?

ルナン・シャア

目撃場所《もくげきばしょ》	カスピ海《かい》
目撃時期《もくげきじき》	16世紀《せいき》〜
体長《たいちょう》	人間《にんげん》くらいのサイズ

◀ルナン・シャアは、16世紀《せいき》に医師《いし》アンブロワーズ・パレによって目撃《もくげき》され、著書《ちょしょ》『怪物《かいぶつ》と驚異《きょうい》』に紹介されている。

カスピ海《かい》で漁師《りょうし》が、鼻先《はなさき》にクチバシ、背中《せなか》には背《せ》びれ、体《からだ》がうろこでおおわれる謎《なぞ》の生物《せいぶつ》を目撃《もくげき》。イランの新聞《しんぶん》にのり、次《つぎ》つぎと同《おな》じような目撃証言《もくげきしょうげん》が寄《よ》せられ、うわさが広《ひろ》まった。古《ふる》くから伝《つた》わる「ルナン・シャア」との説《せつ》もある。

FILE23

体長《たいちょう》2メートルのヤギ男《おとこ》

ゴートマン

目撃場所《もくげきばしょ》	アメリカ・カリフォルニア州《しゅう》
目撃時期《もくげきじき》	1950年代《ねんだい》〜
体長《たいちょう》	2m

人間《にんげん》の頭部《とうぶ》にヤギのような白《しろ》いカールした毛《け》におおわれた体《からだ》で、米国《べいこく》・カリフォルニア州酪農《しゅうらくのう》工場《こうじょう》ビリワック・デリー付近《ふきん》で目撃《もくげき》されたため、工場《こうじょう》の名前《なまえ》から「ビリワック・モンスター」とも呼《よ》ばれる。工場《こうじょう》の倒産後《とうさんご》、「軍《ぐん》の秘密工場《ひみつこうじょう》」として使用《しよう》され、遺伝子操作《いでんしそうさ》で生《う》み出《だ》された強化《きょうか》人間《にんげん》ともいわれる。通《とお》りかかる車《くるま》をオノでおそったり、森《もり》を破壊《はかい》して作《つく》られたフレッチャータウンロードで、通《とお》りがかる人《ひと》をおどかすという伝説《でんせつ》もある。

▲黒魔術《くろまじゅつ》の儀式《ぎしき》が廃墟《はいきょ》で開《かい》さいされ、ヤギのマスクをかぶった人間《にんげん》を見《み》まちがえたという説《せつ》も。

FILE24

パプアニューギニアで多数目撃《たすうもくげき》される悪魔《あくま》の鳥《とり》！

ローペン

目撃場所《もくげきばしょ》	パプアニューギニア
目撃時期《もくげきじき》	1944年《ねん》〜
体《たい》　長《ちょう》	90cm 〜 7m

▲体《からだ》が発光《はっこう》する特徴《とくちょう》もあるが、夜《よる》に飛行《ひこう》する個体《こたい》の数《かず》が減《へ》っており、絶滅《ぜつめつ》が危惧《きぐ》されている。

パプアニューギニアでは翼竜《よくりゅう》のような怪奇《かいき》な生物《せいぶつ》が飛行《ひこう》する様子《ようす》が目撃《もくげき》されている。現地《げんち》では「デーモン・フライヤー（悪魔《あくま》の鳥《とり》)」として恐《おそ》れられる。体毛《たいもう》がなく、鋭《するど》い歯《は》が並《なら》んだクチバシ、トカゲのような耳《みみ》、2つに分《わ》かれる舌《した》、蛇《へび》のような細長《ほそなが》い首《くび》。翼《つばさ》にはかぎ爪《づめ》がつき、直立《ちょくりつ》した状態《じょうたい》で木《き》の幹《みき》に止《と》まる。魚《さかな》や貝《かい》のほか、人間《にんげん》の遺体《いたい》も食《た》べる。

FILE25

沖縄《おきなわ》の幻《まぼろし》の山猫《やまねこ》

ヤマピカリャー

西表島《いりおもてじま》でヒョウに似《に》た生物《せいぶつ》がまれに目撃《もくげき》される。イリオモテヤマネコとは別種《べっしゅ》の大型《おおがた》の猫科《ねこか》の生物《せいぶつ》とされ、体長《たいちょう》はイリオモテヤマネコより明《あき》らかに大《おお》きい。名前《なまえ》は､「ヤマピカリャー」と呼《よ》ばれ、西表島《いりおもてじま》の方言《ほうげん》で「山《やま》の中《なか》で目《め》の光《ひか》るもの」。西表島西部《いりおもてじませいぶ》を中心《ちゅうしん》に、40数人《すうにん》ほどの目撃者《もくげきしゃ》がいて、沖縄《おきなわ》から近《ちか》い台湾《たいわん》に生息《せいそく》するヒョウの一種《いっしゅ》「ウンピョウ」との説《せつ》も。

▼2007年《ねん》、島根大学《しまねだいがく》の教授《きょうじゅ》がヒョウに似《に》た巨大《きょだい》な生物《せいぶつ》を目撃《もくげき》した事例《じれい》もある。

目撃場所《もくげきばしょ》	日本《にほん》・西表島《いりおもてじま》
目撃時期《もくげきじき》	1965年《ねん》〜
体《たい》　長《ちょう》	80 〜 120cm

著者紹介　**山口敏太郎**

1966年7月20日徳島県生まれ。作家・漫画原作者。株式会社山口敏太郎タートルカンパニー代表取締役。主な著作は『妖怪 vsUMA〈魔物王〉超バトル図鑑』、『未確認生物〈超謎〉図鑑』（永岡書店）、『本当にいる日本の「未知生物」案内』（笠倉出版社）、『大迫力！日本の妖怪大百科』（西東社）など。テレビ出演にテレビ東京「衝撃ファイル」シリーズ、関西テレビ「怪談グランプリ」（CS ファミリー劇場／不定期放送）にレギュラー出演中。テレビ・ラジオ出演歴は500本を超える。雑誌では『実際にあった怖い話』（大都社）にて「山口敏太郎の日本怪忌行」、『本当にあった笑える話』増刊号（ぶんか社）にて「山口敏太郎の聞いた怖い話」を連載。また、千葉県銚子市「大内かっぱハウス」2Fにて UMA・妖怪の博物館「山口敏太郎の妖怪博物館」も運営中。

協力	あーりん・黒松三太夫・ 穂積昭雪・株式会社山口敏太郎タートルカンパニー
写真協力	KO-1・渋谷泰志・中沢健
写真モデル	十四代目トイレの花子さん・観雪しぐれ
漫画	夏じるし・オガツカヅオ・呂古スカル・黒谷薫
イラスト	おおぐろてん・オガツカヅオ・呂古スカル・沢音千尋・ まつもとめいこ・黒谷薫・Sel・増田よしはる・ アートギャラリーハギオ
本文デザイン	白土朝子
装丁	佐々木由幸（株式会社ウェッジホールディングス）
編集協力	野口武（JET）

本人からこっそり聞いた
怖すぎる怪談ゾゾゾ

2025年5月10日　第1刷発行

著者／山口敏太郎
発行者／永岡純一
発行所／株式会社永岡書店
〒176-8518 東京都練馬区豊玉上 1-7-14
TEL 03-3992-5155（代表）03-3992-7191（編集）
製版／センターメディア　印刷／横山印刷　製本／ヤマナカ製本

ISBN978-4-522-44306-4 C8076